JN439650

014

정삼희 칼럼집

천상에 띄우는 편지

도서출판 경남

자서

모처럼 아침부터 밤늦도록 봄비가 하염없이 내립니다. 언제부터인가 신문, 칼럼을 연재하면서 한 권의 분량이 되면 칼럼집을 하나 묶을 생각이었습니다. 벌써 그 세월이 십 년을 훌쩍 넘기고 보니 빛바랜 원고들뿐입니다. 이번 칼럼집을 내면서 오래된 원고는 바람결에 접어두었습니다.

마음속에 묻어둔 이야기들이 하나, 두울 모여 한 권의 칼럼집으로 완성이 되었습니다. 아라비안나이트의(천일야화)처럼 수필도 절박하지 않으면 쓰지 말자, 다짐했던 마음도 물안개처럼 사라져 버렸습니다. 절창의 감성들을 한 폭 가득 그려보고 싶었지만 사람 냄새 그리운 이야기만 여리게 호명되어 불려 나왔습니다. 일장춘몽처럼 봄날의 부끄러운 넋두리뿐인 것 같습니다.

안부가 못내 그리워도 부치지 못한 애절한 편지가 있습니다. 아득히 먼 나라에 계신 친정아버지께 천상에 띄우는 한 권의 천일야화가 되어 별나라로 꽃도장 찍어 부쳐 보내봅니다. 조선매화 흐드러진 춘삼월 봄날에 그리운 아버지! 홍매화 저리도 눈시울 붉으니 너무도 보고 싶습니다.

차향만당에서, 여단헌 **정삼희**

차례

제1부 천상에 띄우는 편지

제2부 사무침을 부여잡고

제3부 내 가슴에 묻혀 있는 수필을 불러놓고

제4부 구름이 머무는 곳 발길 따라

제1부

천상에 띄우는 편지

명품 눈물

장마 속에 저마다 만나는 이들의 인사가 "비 피해는 없는지요" 하며 안부를 나눈다. 시국도 어수선해서 별 신명 나는 일들도 없는 요즘, 장마도 어떻게 보면 하늘이 감정의 차이를 두고 눈물 주머니를 열어놓았다고 하면 현실성이 없는 이야기일까. 인간은 감정 조절이 되지 않을 때 눈물로서 마음 세수를 한다. 눈물이라고 다 같은 눈물이랴! 조물주의 신비로운 작품은 늘 그래서 미스터리다. 눈물은 사람 신체 설명서란 말까지 있다. 성분이 다양해 화가 났을 때는 교감 신경 흥분으로 수분이 적고 염화나트륨 농도가 진하다고 한다. 슬플 때는 산성도가 높아 신맛이 나고, 기쁠 때나 감격했을 때는 단맛이 난다 하니 그 누가 인체의 신비 설명서에 감격하지 않으리오.

당나라 대문장가인 한유가 지방관으로 있는 맹교 벗에게 써준 우정 격려문에는 이런 명품 눈물이 담겨 있다.

> 대저, 모든 사물은 편안함을 얻지 못하면 울게 된다. 초목은 소리가 없으나 바람이 흔들면 울고, 물도 소리가 없으나 바람이 치면 운다. 쇠, 돌, 실, 대, 박, 흙, 가죽, 나무도 소리가 없으나 두드리면 우는 것이다.

사람도 이와 같다. 장자는 황당한 말로 초나라에서 울었고, 나라가 망하자 굴원이 울었다. 맹자와 순자는 도 때문에 울었고, 양주 · 묵자 · 관중 · 안자 · 노자 · 한비자도 모두 그 재주로서 울었다. 당나라가 천하를 잡자 진자앙, 이백, 두보가 모두 그 빼어난 글 솜씨로 울었는데 오늘에 와서 맹동야가 처음으로 시로써 울었다는 고서가 전해진다.

갓난아이는 태어나자마자 첫울음으로 낳아준 부모님께 선물을 하기도 한다. 답답할 때 큰소리 내어 마음을 눈물로써 씻고 나면 속이 후련해서 스트레스가 해소된다. 울고 싶을 때 그대들이여! 스스로 가슴 풀어 놓고 맘껏 곡비를 즐겨보라. 이물질을 녹이는 성분(리소자임) 때문이라도 비 온 뒤 떠오른 부드러운 아침 햇살마냥 심안은 맑고 청량할 것이다. 요즘 국회에서는 미디어법 국회통과를 놓고 여 · 야가 제 갈 길을 가지 못하고 있는 모습을 보니 한심하기 짝이 없어 하늘도 노하여 산성 높은 신맛의 장맛비를 뿌리고 있는가 보다. 인간사 모든 게 뜻대로 맘대로 술술 풀리는 날 있겠는가마는 곡비 타령 한번 하고 나니 우산 없이 비를 맞는 듯 후련해진다. 이제 여름 휴가철이다. 경제가 어려운 만큼 재충전하고 돌아와 경제 살리기에 충실해야 할 것이다. 어차피 인생은 꿈이오, 환상이오, 거품이오, 그림자인 즉, 이슬 같고 번개 같은 것인 줄 알지만 좀 더 나은 희망의 미래를 위해 재도전에 국민은 길들여져야 할 것이다.

— 경남일보 경일춘추(2009. 8. 4)

입춘방

— 춘축

세월은 자꾸 새로운 계절을 동경하며 스치고, 벌써 연둣빛 잎새 그리운 봄의 시작됨을 알리는 입춘이 지난 지 닷새가 되었다. 이토록 잔설이 남아 있는 혹독한 한파에 과연 봄이 올까 하는 마음도 생기지만 봄은 소리 없이 돌아와 어느덧 이월의 중순으로 와 있다. 집집마다 입춘에 내거는 문구 따라 입춘방이 훈장처럼 천장, 광, 문기둥 등에 보기 좋은 명필로 걸려 있다.

입춘은 천세력에 정해져 있어 연초인 경우가 많다. 상중인 집에서는 하지 않는 걸로 되어 있다. 널리 쓰이는 입춘방으로는 입춘대길立春大吉, 건양다경建陽多慶이 제일 눈에 띈다. 그 뜻 또한 구구절절 풀이해 보면, 봄이 시작되니 크게 길하고, 경사스러운 일이 많이 생긴다 하여 인기가 높다. 또 우리에게 익숙한 입춘방으로는 개문만복래開門萬福來란 뜻 또한 명작이다. 문을 여니 만복이 들어온다고 하여 그 다음 인기순위로 많이 사랑받아 잘 알려져 있기도 하다.

옛 대궐에서는 월일月日에 내전의 기둥과 난간에다 문신들이 지은 연상시 중에 으뜸인 것을 직접 뽑아 써 붙였는데 이를 특별히 춘첩자라고 불렀다. 《열양세시기》에 의하면 입춘이 되기 얼마 전 승정원의 정3품 이하와 시종을 뽑아서 임금께 아뢰고 5언 절구로 1편씩 시를 지어 마치 과거를 뽑는 것같이 3등급 이상을 뽑아 합격시켜 글머리에 가로로 줄을 그어 나누는 표지를 하고 그 수대로 써서 올리도록 하였다.

그리하여 대궐에서는 오래된 세시 풍속을 소중히 음미해서 다루었으며 주사로 벽사 문을 써서 대궐 안으로 올려 문설주에 붙여 귀신을 쫓을 때 사용되기도 한 것이 오늘날 입춘날, 복을 기원하는 의미로 부각되어 부적처럼 되어 버렸다. 실제 강원도에는 입춘날 장에 가서 엄나무 가시를 사다 문설주에 매달아 잡귀를 쫓기도 한다.

정조 때는 부모의 은혜가 크다고 적은 불경(은중경恩重經)의 진언을 인쇄하여 문에 붙여 액을 막는 일을 하였다고 하니 전해오는 세시 풍속은 살고 있는 지역의 자연적인 조건, 역사적 경험, 사회적인 특성에 따라 이루어지면서 자연스럽게 자리 잡아 풍류와 재미, 흥밋거리를 더해준다. 입춘은 지났지만 남의 집을 방문했을 때 문 앞에 붙은 입춘대길이 무엇을 의미하는지 알고 나서 바라보는 눈빛에는 자신감으로 행복해지리라.

행여 내게도 춘첩자가 내려진다면 과연 어떤 한 대목 방을 붙여야 하리까? 무엇을 쓰리오. 고민 끝에 시도 아닌 것이, 시조도 아닌 것이 한 소절이 꿈틀꿈틀 차가운 가슴을 비집고 막 들어온다.

허랑한 봄은 휘어진 잔설 위에서
매화꽃으로 피어나
내게로 또다시
사뿐히 걸어오고
봄은 아직도 멀리 있다 하거늘

경남도민신문을 보시는 독자님이시여, 재종춘설소 복축하운흥災從春雪消 福逐夏雲興이라. 이 뜻은 다음과 같음이라.

재난은 봄눈처럼 사라지고
행복은 여름 구름처럼
일어나시라.

— 경남도민신문(2011. 2. 8)

세배 이야기

내일이면 까치설날이다. 까치에 앞이라는 뜻이 없는데도 까치설날은 설 전날을 말한다. 본래 아설이 작은설이라는 뜻이었는데 아치설이 와전돼 까치설이 됐다는 이야기가 전해진다. 전통적으로 길조라고 알려진 까치와 아설을 결합시킨 것이다.

설은 양력은 1월이 되고 음력은 정월正月을 말한다. 세배의 전파는 중국에서 시작돼 점차 우리나라와 일본, 베트남 등으로 퍼져 나갔다. 하늘의 신에게 무사고를 기원하며 절하던 것이 어느덧 어른에게 존경심을 나타내는 풍속으로 변한 것이다. 한 해의 시작을 알리고 가정의 평안과 행복을 기원하면서 세배는 새해를 맞이하여, 심신을 일신하고 새 출발을 다짐하는 뜻이 담겨 있어서 어른께 절을 올리면서 속에 간절한 축원을 담되, 입으로 그 축원을 말하기도 한다.

웃어른을 찾아 세배를 하고 다니는 사람을 세배꾼이라 하고 세배꾼에게 차려내는 음식상을 세배상이라고 한다. 세배한 아이들에게 웃어른이 용돈으로 내리는 돈을 세뱃돈이라 한다. 요즘 젊은이들의 표기법들을 가만히 보면 도대체 어느 말이 맞는지 혼동을 할 때가 많다. 세뱃돈과 세배돈 무엇이 맞는 문법인지 잠시 정확하게 확인해 보기로 하자. 소리가 덧나는 고유어와 한자어의 합성어는 사이시옷을 받치기로 한 원칙에 따라 한자어 계열의 세배와 고유어 계열의 돈의 합성어는(세:배똔/세:밷똔)으로 소리 내어 세뱃돈으로 적는 말이 정확히 맞다. 대학에서 국어를 가르치는 필자 역시도 한글의 어려움을 피하지 못해 헷갈릴 때가 수없이 많이 있다. 알수록 더 어려운 한글 문법들이 몇 해 전부터 조금씩 바뀌고 다시 쓰는 된소리 발음들이 많아 여간 까다롭지 않다. 그럴 때마다 연구에 연구를 거듭하면서 독파해 가며 찾아내곤 한다.

지금도 그러하지만 과거의 왕은 나라 안에서 가장 높은 사람이다. 그것을 지존至尊이라 했다. 왕이 행하는 모습은 백성과 법도가 따로 있었다. 그래서인지 왕이 하는 절과 신하가 하는 절 중에 요즈음 도덕 교과서는 신하 절을 남자 절이라고 가르치고 있다. 여자의 절하는 방법은 두 가지다. 그 하나는 평절이고 다른 하나는 큰절이다. 여기서 사용된 평平이라는 글자는 쉬울 평자다. 쉽게 하는 절, 편하게 하는 절을 평절이라 한다. 두 손끝을 양쪽으로 내려서 세운 채로 땅바닥에 닿게 하고 오른쪽 다리는 세우고 왼쪽 다리는 굽히고 머리는 숙여 절하는 것이 평절이다. 큰절은 두 손 끝을 맞닿도록 하여 이마에 올리고 땅바닥에 앉아 두 다리를 자기 앞으로 끌어당기고서 허리를 굽혀서 머리를 숙이는 절하기다. 여자의 절하기는 생과 사로 나누어지는데 산사람에게는 평절을 하고 상례와 제례 때에는 큰절을 한다. 그러나 두 가지 예외가 있다. 혼인대례 때 신랑을 보고 큰절을 하고 시집가서 며느리 자격으로 시아버지, 시어머니를 처음 뵙게 되는 때에 큰절을 한번 한다.

우리는 부모님에게는 무조건 큰절을 한다고 알고 있지만 엄격히 따지고 보면 그 법도가 따로 있다. 그 뒤부터는 시부모에게도 평절을 한다. 큰절을 할 때 다리를 남자처럼 해서 절하는 경우가 있는데 잘못이다. 옷차림이 절하기에 맞지 않은 짧은 치마를 입기 때문이다. 큰절을 해야 하는 경우가 많지 않은데 옷차림도 챙기지 못한다면 곤란하다. 살아계신 직계 윗대와 아버지에게 절하기는 정강이 절하기, 손바닥 절하기가 있다. 그 예로 정강이 절하기법을 잠깐 알아보기로 하자. 정강이 절은 두 손끝이 정강이에 오도록 허리를 굽혀 하는 절을 말하며 무릎을 꿇고 바닥에 두 손을 앞으로 내어 밀어 여덟 팔八자 모양으로 절을 하는 것을 말한다.

평상시, 아들, 딸, 며느리, 손자, 손부, 조카들이 올리는 절하기를 받을 때는 어른은 두루마기를 입지 아니 한다. 그러나 설날 세배는 꼭 두루마기를 입고 절을 받아야 한다고 이야기하고 있다. 차림을 지키자는 이야기도 있지만 두루마기가 없으면 단정한 복장도 가능하다는 이야기이기도 한 셈이다. 옛부터 설날 아침에 어른에게 세배를 올린 뒤에 제사를 지내야 바른 집으로 여기고 있었다. 세배는 과세조자손상배우조부모過歲朝子孫上拜于祖父母라는 말을 줄인 말이다.

정월 초하루가 설날이다. 우리 겨레 최대의 명절이다. 멀리 사는 가족들이 오순도순 모여 그리움을 풀어놓고 정겨운 일 년의 시작을 준비하고 만수무강을 기원한다. 올해도 어르신들은 덕담까지 훈훈하게 가슴에 안겨주어 말 몇 마디에 정이 쏠쏠히 담겨 세상인심을 느끼기도 한다.

절하기에 있어 빠지지 않는 하나는, 남편과 아내가 서로 세배를 하는 것이라는 말이 있다. 그러나 이런 절은 틀렸다. 남편과 아내 사이에는 살아서도 절이 없고 죽어서도 절이 없다. 단, 혼례 때에만 절을 한다고 정해져 있다. 후손이 조상을 섬기는데 있어 살아 계시는 어버이에게 세배 드리는 일이 가장 중요하고, 기일 제사가 그 다음이고, 가벼이 할 수 있는 것이 명절 제사다. 생과 사에서 산 사람이 우선이기 때문이다. 돌아가신 분 제사 모시기보다 살아계신 어버이 모시기가 우선이다.

왕에게는 선읍후배 절을 올린다. 요즘 예법도 바뀌고 해서인지 혼례 때는 왕에게 올리는 절처럼 선읍후배를 한다. 세배에 남자는 읍이 없이 손바닥 절이고, 여자는 평절을 한다. 기제사 때 남자는 선배후읍이며, 왼손이 위, 여자는 큰절을 한다. 명절 제사 때 남자는 선배후읍이며 오른손이 위이고, 여자는 큰절을 한다.

읍이라 함은-공수한 손을 배꼽 부분에서부터 앞으로 쭉 뻗으면서 둥글게 위로 올리면서 당겨 얼굴 앞부분을 거쳐 내린다. 공수라 함은-두 손을 마주잡아 공경의 뜻을 나타내는 것을 의미한다. 왕실 절하기는 선읍후배다. 그런데 지금은 왕이 없으니 읍도 없어져야 하나 혼례 때 신랑이 신부에게 하는 절이 오늘날 선읍후배라는 사실을 한번쯤 기억해 두는 것이 좋을 것 같다.

옛말에 인사 잘해 남 주지 않는다고 했다. 공손의 측도는 고개 숙임에서 오는 이치이기에 세배를 할 때 건성건성보다 최대한 예를 갖추어 낮춘다면 없던 복록도 돌아올 것이고 진심에서 나온 세뱃돈으로 주머니가 두둑하게 불러 오면 새해부터 운이 터지고 기쁜 일만 가득하리라 믿어 의심치 않는다. 필자 역시도 새해 복 많이 받으시기를 기원하면서 인동초 돗자리를 깔고 감히 예를 갖추고 자세를 하염없이 낮추어 본다. 가장 크고 빛나는 일월日月같이 새해 여러분의 가정에도 복 많이 받으시고 좋은 날 만복이 가득하시길 기원해본다.

— 경남도민신문(2011. 1. 31)

대학 기숙사

종강을 하고 개인 상담차 남자 기숙사에 방문한 일이 있다. 입구에는 사감분이 경비실에 지키고 계셨다. 상황 설명을 하고 출입을 해서 보니 학생들의 방은 정리정돈이 되지 않은 상태, 어수선함이 복도 구석부터 산만하기 짝이 없다.

창문은 감옥마냥 방범 방충망이 예사롭지 않다. 좁은 미로를 따라 방에서 방으로 문들이 열려 있다. 2인 1실로 구성되어 조금은 답답하고 침대는 2층 침대로 구성되어 공간을 작게 차지하게 만들어져 있고 책상 두 개가 전부인 방, 순간 21세기 국가 경쟁력을 위한 세계화 교육, 현장실무 중심을 앞세우고 교육 인재 밑거름을 양성하는 곳이라 자칭하지만 기숙사란 이런 곳이구나 생각이 들어 현실을 깨닫게 된다.

취업을 우선으로 하는 창신대학은 경남의 명문 대학으로 자리매김을 해온 지 오래되었다. 그러므로 재학생들의 편리를 위해 1,000명을 수용하는 남녀 기숙사가 별도로 운영되고 있다. 우리 대학에는 2인 1실로 복잡하지 않게 가구배치를 해 놓았지만 어딘지 모를 비좁음이 보는 이로 하여금 답답하게 한다. 백제예술대학의 경우는 3인 1실로 되어 있어 더욱더 그럴 것이고 강원전문대학은 4인 1실로, 나주대학은 6인 1실로 되어 있어 안 봐도 복잡함을 짐작할 수 있다. 여자 기숙사 같은 경우에는 깔끔하게 정리정돈이 되어 있지만 남자 기숙사 같은 경우는 청소를 하는 분이 있다지만 금방 또다시 원위치되기 쉽다.

몇 년 전만 해도 기숙사 내에 절도사건이 많았지만 요즘은 CCTV가 잘 설치되어 있어 문제가 없다. 기숙사는 심야에는 12시에 문을 잠그고 새벽 5시면 오픈되고 있으며 주간에는 관리과장이 근무를 하고 야간에는 사감이 근무를 하는 실정이다.

학생들의 제일 고충은 식사 때를 놓치면 식당을 이용할 수 없어 학교 편의점에서 간단한 인스턴트 식품으로 대체한다는 것이다. 그리고 여자 기숙사에는 방에 샤워장이 같이 있지만, 남자 기숙생들의 경우, 공동 샤워시설이 불편하다고 했다.

기숙사는 단체 생활인 만큼 규율도 엄격하고 늦은 귀가의 제한도 따른다. 한 학기에 47만 원으로 공부를 할 수 있는 장점도 있다. 이중창에다 방범창까지 해 놓은 것을 볼 때면 조금은 다른 각도의 시선을 어쩌지 못한다. 출입문을 잠근 후 만약 화재라도 발생한다면 어찌되는지 학생들을 가르치는 교수의 입장으로 노파심도 생긴다. 이 세상 귀하지 않는 자식이 또 어디 있을까. 칼린 지브란의 말이 생각난다.

> 당신의 자녀는 당신의 자녀가 아닙니다. 그들은 자신의 삶을 좇아 이 세상에 온 그리움의 아들과 딸입니다.

그리움의 아들과 딸들이 편히 잘 살 수 있는 자유로움이 있는 학교가 되길 기대해 본다.

— 경남도민신문(2011. 2. 22)

마음 비우기

얼마 전 건강 신호등에 황색불이 들어와 병원을 찾았다. 수면 내시경 후 결과는 혼자서 감당하기 벅찼고, 약 한달 가량 부자연스러운 생활에서 조절력까지 상실되어 가고 있음을 발견하면서 정신적으로 고통스러웠다.

인간의 상상은 무한하다. 별의별 상상에서 죽음까지 슬픔의 속죄자가 되어갈 즈음, 진주 내과에서 서울 삼성병원으로 서울에서 다시 진주 경상대학병원으로 그리고 부산대학병원을 거치면서 지금 현재로 돌아오기까지 재검사를 하고 나서야 앞으로 결과를 지켜보자는 의사 선생님의 말씀에 평정을 되찾았다. 혼자서 환상하고 초월하고 체념하며 기로에 서서 애태우다 선불교(선종)의 깨달음을 우연히 알게 되었다. 산다는 것은 차별에서 유식과 무식 모든 것이 욕심에서 비롯되고, 죽음은 평등의 관념으로 추구한다는 걸 스스로 깨우치고 그것을 선으로 여기고 있다는 것을 알 수 있었다.

몇 년 동안 수행에서 선사들이 배우는 것은 해탈이고 이미 죽음의 공포 속에서 벗어나기 위해 토굴에서 고행하며 삶의 지혜를 터득하는 것 같았다. 예로부터 병은 같이 사는 것, 알면 병이요 모르면 약이 된다 하여 병을 끄집어내지 마라는 선사들의 말씀이 한 달이란 시간 속에 얻은 지론이다. 죽음 앞에는 누구나 초연해진다는 말이 이런 내용을 두고 하는 이야기인가 보다. 나는 낙천적인 성격의 자유로운 영혼의 소유자라 여겼는데 좌절된 자신을 보고는 나보다 나를 잘 아는 남편은

"당신 정말 철인인 줄 알았고 강한 줄 알았는데 이렇게 나약한 줄 정말 몰랐어."

순간 에세이 같은 순정의 이야기쯤으로 들리다가 귀담아들어 보니 엄청난 말이다. 에세이란 뜻이 시험해 보다인 것처럼 남편이 나를 시험해 보는 소리인지 모를 일이다. 불행한 사람은 못 가진 것을 사랑하고, 행복한 사람은 가지고 있는 것을 사랑한다고 하듯이 나 자신을 추스르면서 가만히 사색의 뜨락으로 돌아가 생각의 나래를 펴본다.

늘 마음에 편견이 없는 사고방식을 가진 나는 현실 도피처를 찾아다니듯 한시도 가만히 있지 못하고 너무 많은 일들을 혼자서 다 감당하다 보니 무심코 버린 스트레스가 부메랑이 되어 나에게 돌아온 것이다. 난 항상 열려 있기를 원했고 개방적인 사

고방식을 자처하며 살았는데 슬럼프에 빠진 나는 전혀 다른 사람처럼 자신을 구출하면서 모 지인의 농담이 생각났다. 병원에 간다고 하니 가게 윈도우에 이렇게 붙이고 가라 한다.

"내 몸을 잘 돌보지 않고 많이 부려먹어 고장이 났소. 수리 좀 하고 오겠소."

순간 침묵이 흘렀다. 어쩜 맞는 말인지 모른다. 기계로 치면 당연지사, 가슴 한구석이 철렁 내려앉는 기분이다. 사람도 기계와 다를 바 없는 것을 이제 겨우 느낀 자신이 민망했다.

누군가는 마음을 다 비우고 살아가라 하지만 어디 말처럼 비운다는 게 쉬운 일인가?

요즘 컴퓨터에서 스팸 메일이나 영양가 없는 내용을 보면 읽지도 않고 휴지통으로 가서 비운다. 득 되지 않는 삶은 바로 휴지통에 비웠다고 생각했는데 스트레스는 내 마음속을 떠나가지 못하고 미련을 두면서 연연하고 있었던 모양이다. 그래서 결국은 위종양(물혹)으로 변신하여 몸으로 전세 들어 모호하게 살고 있었는가 보다. 인용을 하자면 구체적으로 스트레스는 동일체이고 또 다른 공간을 두고 원인도 결과도 따지지 못하게 자신을 가두고 있다가 이제야 모습을 드러내어 놀라게 했다. 즉 스트레스가 나를 복종하지 못한 죄인으로 만든 셈이다.

한 달간의 타락이라 하면 지나칠까? 타락은 키에르케고르에게 선으로 불안을 뜻하는데, 충분히 불안에서 헤집고 나온 지금의 심정은 타락했노라고 할 수 있다.

영혼의 소리가 자꾸 들린다. 이제 마음을 비우고 물욕을 버리라고. 하여 심리적으로 평정을 찾아 공간적 창조에서 행복을 누리라고 소리친다. 그리하여 감성에서 이성을 판단하여 여유로운 인간 존재의 윤리적 가치를 가지라고 한다.

감성의 유희들이 관념을 괴롭히지만 나는 또 생각한다. 그리고 동기를 부여한다. 건강 신호등에 노란불이 들어온 건 첫 번째 경고장이나 진배없다고. 쉴 여유도 없이 지나친 욕심이 결국 인생의 브레이크를 걸게 만들었고 붉은 경고장의 딱지를 붙였다. 경고장을 받고도 굴복하지 못하면 어찌 되는 것인가? 무거운 어깨에 더 큰 화를 입을지 모를 일이라 자숙하면서, 앞만 보고 가지 말고 옆도 뒤도 돌아보면서 나의 운명론 앞에 떳떳할 수 있는 철학과 미덕을 안고 살아가야겠다. 누가 수호천사처럼 돌봐주리 건강은 건강할 때 지켜야 하는 것이 우리네 인생인 것을….

이사

오랫동안 살았던 집을 전세 내어주고 시끄럽고 음식점 많은 번화가 주택으로 이사를 오게 되었다. 집 앞에는 온통 삼겹살을 파는 식당이다. 오후부터 한밤까지 고기 굽는 냄새가 진동하고 그 위층에는 노래방이라 초저녁부터 새벽까지 소음 때문에 열심히 공부해야 하는 두 아이들은 곤욕스러웠다. 이사 경험이 적은 탓에 별 다른 조건 없이 주택을 매입하다 보니 맹모삼천지교孟母三遷之敎란 말이 왜 생겼는지 알 것 같다. 뒤늦은 후회 1년, 이상하게 새로 이사한 집이 정이 들지 않고 항상 남의 집 같았다.

그러던 중 우연한 기회에 어느 사찰에서 이사한 집에 대해 물어보게 되었는데 "보살님과 그 집은 정말 인연이 없습니다. 하루빨리 이사하세요." 난감하기 짝이 없어 고민 끝에 부동산에 내놓게 되었다. 미신을 믿자니 투자한 돈이 아깝고 안 믿자니 찝찝해서 견딜 수 없고, 갑자기 하루 만에 거래를 하자는 중년의 아줌마가 나타나서 무작정 팔고 말았다. 별 고심 없이 집을 팔고나니 갈 곳은 없고 난감하기 짝이 없었다. 순간 후회가 밀려왔다. 지나가는 몇 마디 스님 말씀에 집을 팔다니? 귀신한테 홀린 느낌이 이러할까?

그러기를 한 달, 하얀 목조 건물 2층집이 하나 나와 있는데 이번에는 작가님 맘에 꼭 드실 거라는 전화를 부동산에서 받고 가 보니, 시골 어디쯤에 있는 펜션 같은 모습에 호감이 갔다. 들어가 보니 세상에 태어나서 경악을 금치 못할 상황이었다. 애기를 둘 키우는 젊은 부부 집, 귀곡산장은 저리 가라는 안과 밖이 다른 집, 금방 도둑이 들어와서 물건 다 뒤지고 돈 다 털어서 나간 집은 그나마 좋은 표현, 바닥에 빈틈이 안 보일 정도로 너덜너덜 어지러운 세간살이, 정리되지 않은 가재도구. 1년은 족히 바닥 청소를 못한 분위기, 순간 내 눈을 의심했다. 이건 사람 사는 집이 아니라고 중얼거리면서 2층에서 내려와 집으로 걸어오는 내내 정신 줄 놓은 여자마냥 혼자 중얼거리며 입을 다물지 못했다.

집 구조는 복층에 서재도 있고 저만하면 꾸미기 딱 좋은 집. 주택도 주인 만나기 나름이라 생각을 하면서 의논 끝에 계약을 하고 말았다. 문제는 취미로 20년 넘게 모아온 골동품을 다 가져오기는 역부족, 그래서 결심을 했다. 골동품 가게에 파는 것보다 교육 현장에 기증하여 아이들의 교육용 자료가 되었음 하는 마음으로 소품만 빼고 트럭에 두 차 정도 학교와 예술촌으로 실어 보냈다. 어쩌면 그동안 짐의 노예가 된 세월, 고치고 청소하고 버리기를 달포, 드디어 귀곡산장이 그래도 사람 사는 냄새가 난다고 이웃들은 입을 모은다.

인간의 삶에 있어 갱년기도 다시 고쳐 사는 시기인 것처럼, 이사도 마찬가지인 것 같다. 밤이면 고요함이 적막할 정도다. 집도 자기와 연이 맞아야 하고 궁합이 맞아야 살 수 있다는 것을 새삼 알게 되었다. 2층 테라스에 낡은 호롱불과 풍경을 4개 달았다. 그 덕분에 혼자 있는 날은 절간을 연상케 해서 차 한 잔의 명상과 세상 시름을 잊게 해주고 바람의 높낮이를 읽을 수 있어 좋다. 올해 팔자에도 없는 이사로 부산을 떨다보니 새해가 와있고 여기저기 그리운 안부의 전화벨이 울린다.

— 경남도민신문(2011. 3. 11)

나의 고향

지난가을, 경남문인협회 주관으로 경남문학관에서 나의 고향이란 주제로 한 달 기획 전시를 한 적이 있다.

언어의 마술사들이 빚어내는 고향에 대한 그리움과 향수는 그 표현이 아름답고 낭만적일 수밖에 없다. 다른 분들의 작품을 가만히 감상해보면 고향에 대한 눈물겨운 향수도 있고 정지된 추억도 있었으며 낡은 흑백사진 한 장을 보는 듯한 어려운 시절의 힘겨움도 전시되어 눈길을 끌었다.

작품 하나 하나를 감상하는 시간 내내 가슴이 찡하고 뭉클하여 감동의 도가니로 몰아넣는다. 문득 고향에 대한 아름다운 풍경이 한 폭의 산수화처럼 유년의 기억 속에서 떠올랐다.

나의 고향은 경상남도 의령군 유곡면이다. 임진왜란 당시 곽

재우 장군이 의병을 모으기 위해 맨 처음 북을 울렸던 현고수가 있는 곳. 사계절 물이 마르지 않는 하천은 1급수로 토종 어류와 함께 자연생태계가 잘 보존되어 있으며 물길을 따라 군데군데 아름다운 숲과 절벽을 이루고 있다.

유곡천의 경관은 여름철 물놀이 장소로도 손색이 없어 피서철 내내 수많은 인파로 넘쳐나고 고향집 대문만 나서면 명소인 자암정과 유곡교 다리가 있다. 고등학교 다닐 때까지 봄가을 소풍장소로 늘 이용되었다.

자암정은 광해조 때 학덕 높은 큰선비가 출사를 하지 않고 산수간에서 후진 양성에만 전념한 자암 강경승공의 제각과 정자가 있는 곳이다. 정자 앞 큰 바위에는 강 씨와 남 씨의 족보를 넣어 보관해 오던 곳이 지금까지도 있다. 어린 시절에는 정가 또는 낸 봇둑이라 했다. 지금은 자암 강경승공의 호를 따서 자암정으로 불려지고 있다. 나는 그 옆에서 태어나, 유곡천은 우리 가족의 단독 노천탕이었다.

나는 과수원집 육 남매 막내딸로 태어나 봄이면 배꽃, 복사꽃, 살구꽃, 자두꽃, 매화꽃 등등 온갖 지천의 꽃들과 소꿉놀이하며, 소박한 산자락에 흐드러진 칡꽃 냄새를 맡으며 할미꽃 천지 피어난 곳에서 뛰놀며 살았다. 궁류 백계 계곡에서 시작된 맑은 물이 흐르는 유곡교 다리 위 평상에서 여름밤이면 아버지께서 들려주는 재미나는 옛날이야기와 북두칠성 별자리 이야기에 시간 가는 줄 몰랐다. 지금도 나의 고향에 가노라면 그 풍광에 감탄을 하며 매료되어 넋을 놓는다. 나의 사랑, 나의 고향, 유곡의 낸봇둑집, 외톨이 집이라서 더욱 외롭고 낭만이 있는 곳이다.

아직도 그곳에는 팔순 넘은 어머니가 농사를 짓고 큰언니와 큰 오라버님이 가든을 운영하시며 고향을 찾는 이에게 자연의 맛을 선물하고 계신다. 공기 좋고 물 좋은 나의 고향 의령, 한 폭의 그림 같은 추억이 있기에 고향은 언제나 지친 마음 힐링할 수 있어 너무나 행복하다.

— 경남일보(2014. 3. 19)

어머니 수의

얼마 전 친정 나들이를 하고 왔다. 친정어머니는 작은방 모서리에 생활필수품을 가득 쌓아 놓고 계시면서 필요한 거 있으면 가져가라고 했다. 유심히 보니 보리건빵, 설탕, 밀가루 등등 소소한 물건들이 많았다. 이게 다 뭡니까? 물어보니 친정 동네에 공연단 부부가 와서 저녁마다 화려한 의상을 입고 노래와 춤을 추며 공연을 한다는 것이다.

몇 년 전에도 백만 원 넘는 옥매트를 집집마다 팔고 간 적이 있다. 가시지 마라 해도 옆집 할머님들이 가시니까 팔순 넘은 어머니도 따라나선다. 구정 전에 와서 한 달, 구정 쉬고 한 달 가량 자녀에게 받은 용돈을 공약하는 것이다.

공짜 선물공세는 한 달 동안 계속된다. 구정 쉬고부터는 본격적인 장사로 이어진다. 농촌 할머니들이 인정상 그냥은 못 계신다. 미안한 심리를 이용하는 것이다. 옆에 있는 할머니가 사면 자기도 체면상 따라서 사는 일명 도미노 현상을 빗게 만든다.

"애야! 저 장롱 위에 있는 종이 상자 좀 내려 봐라."

아무 생각 없이 비닐에 싸인 종이 상자를 내렸더니 종이 상자 안에는 안동포로 지어진 친정어머니 수의였다. 분홍 인견 바지와 저고리, 삼베옷과 안동포로 만든 두루마기와 코 버선, 이것이 뭐냐고 묻자 환갑의 나이에 오빠가 지어주신 당신이 입을 수의라 하였다.

순간 처음 보는 수의에 깜짝 놀라 물었다. "이걸 왜?" 하고 물었더니, 동네 공연단 부부가 수의를 팔고 있는데 행여 지어 놓은 지가 오래되어 옷감이 상하거나 마음에 안 들면 자기가 가지고 있는 수의와 현금 오십만 원을 주면 아주 깨끗하고 더 좋은 고급 수의로 바꿔 준다는 것이다. 공연의 화려함과 공짜 선물 공세 뒤에 숨은 것이 바로 수의였구나. 날로 수단과 방법을 가리지 않고 장사하는 수법에 순간 기가 막힌다. 몇몇 어르신들은 보관 소홀로 바꾸었다는 이야기를 하신다.

살아서 입는 옷도 아닌 옷, 생이 다해 자연으로 돌아가면서 입는 옷이 뭐가 그리 중요한가. 그리고 화장을 하면 한줌의 재가 되어 태울 수의, 진정 비싼 수의를 입는다고 천당에 가고 좋은 곳으로 가는 것은 결코 아니다.

동양철학 도덕경 고서에서 장자는 세월을 구분할 때 소년小年과 대년大年을 나누는데 소년이란 좁은 세상의 햇수를 의미한다. 좁은 세상이란 인간이 사는 땅의 세계로서 1년이 365일로 되어 있고 그것이 60이 되면 1갑이 된다 하여 환갑이라 하는 것이다. 환갑에 수의를 지어놓으면 무병 장수한다 하여 환갑에 수의를 제일 많이 준비하고 있다. 그런 의미 있는 날에 지은 수의를 가지고 현혹을 한다.

사람들은 선인과 악인들이 있지만 한낱 가소로운 속임수로 세상을 속이는 소인배들이 너무 많다. 만물은 음을 등에 지고 양을 가슴에 안고서 텅 빈 기운으로 조화를 이룬다. 힘없는 어르신들의 마음을 흔드는 그런 수법의 장사꾼들은 이제 사라질 때도 되었다. 어머니 수의를 보고 돌아오는 발걸음이 내내 무거워 형언할 수가 없었다.

— 경남일보 경일춘추(2014. 2. 19)

소중한 아버지!

모처럼 휴가를 와서 에메랄드 빛 강물을 바라보며 편지를 적습니다. 보내준 책, 편지, 감사하게 잘 받았습니다. 첫날 목요일은 거제 외도에 아이들과 김 서방이 함께 다녀왔습니다. 오면서 몽돌해수욕장에서 점심을 먹고 수영하면서 소라도 잡고 충무에서 1박을 하고 집으로 돌아와 보니 아버지께서 보낸 소포 뭉치가 대문에 걸려 온종일 주인 없는 집에서 절 기다리고 있었습니다. 그래서 바로 김 서방 동네 쪽 강으로 소포 뭉치를 가지고 왔습니다.

강으로 향하면서 우리는 차 안에서 소포 안 정성스럽게 적힌 아버지 편지를 큰소리로 읽어주니 가족 모두 박수를 쳤어요. "역시 할아버지! 짱"이라고 하더군요 서신 때마다 '공부! 공부! 열심히 하라' 고 당부하는 내용이 아이들은 위안을 되는지, 박수를 치며 '그래 맞아요. 엄마는 우리보다 더 열심히 공부해야 해요. 우리만 공부하면 화나지…' 우우 깔깔 하하하 난리법석들이었습니다.

밤이 되니 마침! 덕천강에는 보름달이 둥글게 떠올라 밝은 달빛에 선녀처럼 목욕도 하고 시원한 바람도 마음껏 만끽하면서 운치 있는 자연 속에 밤을 보냈어요.

시어머님과 모두 강가에서 쉬면서 《니힐리즘을 넘어서》라는 책을 읽다가 불현듯 편지가 적고 싶어 형식과 절차를 넘어 적고 있답니다. 시어머님이 저더러 "야야! 에미야. 니 뭐하노. 더운데 공부하나?" 하더군요. "네 어머니! 공부해요"라고 했어요. 거짓말하고 나니 가슴이 찔리는 순간입니다. 늘 멀고도 가까운 곳에서 어머니! 아버지! 계시지만 보이지 않게 든든한 후원자로 밀어주시니 전 너무 감사하고 행복할 따름입니다. 이번 피서에 아버지 어머니도 함께 오셨다면 하는 아쉬움도 남습니다.

참! 아버지 요즘 놀이 재미에 책도 많이 보지 못했는데 오늘이 벌써 칠월의 마지막이군요. 주위 물소리 때문인지 산만하고 정신이 없어 책을 조금 보려고 해도 잘 되질 않습니다. 말이 휴가지 집 나오면 고생이죠 뭐. 낭만도 낭만이지만 집 떠나면 이재민처럼 느껴져, 방랑자 신세 같은 마음인 건 왜일까요?

어제는 어린 시절 늘 냇가에서 수영하면서 다이빙했던 철없던 생각이 나서 부곡 하와이에서 최고 높은 곳에 올라가 다이빙도 멋지게 했습니다. 돌아오다 보니, 온몸이 까아맣게 타서 아버지 딸 몽순이가 다 되었답니다. 항상 몽순이라 놀리곤 하셨는데 오늘 강에서 거울을 보니 왠지 거울 속에 낯선 여인 하나 화난 듯 물끄러미 쳐다보고 있었습니다. 그래서 화들짝 놀라 거울을 얼른 가방 속에 넣어 버렸어요.

아버지! 가람이, 으뜸이 물에 둥둥 떠다니며 수영하는 모습이 보입니다. 세상 걱정 하나도 없는, 저 모습이 보기 참! 좋군요. 김 서방에게 편지를 한번 더 보여 줬더니 고개를 끄덕끄덕 하는 모습이 상당히 재미있나 봅니다.

아버지! 이렇게 편지를 적자니 좀 싱겁기도 하지만 딸 휴가 보고서라 생각하시고 읽어주세요.

이런저런 글을 적다 보니 아이들이 같이 놀자고 우기는군요. 언제나 돈도 되지도 않는 가게에 구속이 되어 늘 찌든 생활 테두리를 벗어나지 못하는 삶 속에서 버둥이다가 훌훌 떠나와 보니 조금은 고생이지만 나름대로 고생 속에도 그럭저럭 매력도 있군요. 땀 뻘뻘 흘리면서 피서지에서 강돌 달구어진 햇볕 차단막 아래에서, 편지 적는 모습… 좋은 편지 내용은 나오기 힘들 것 같지만 그래도 이색적이지 않습니까? 내용이야 어떻든 재미있게 봐주세요.

이런 상황에서 갑자기 즉석 시 하나가 떠올라 적습니다. 졸작이라고 놀리지 마세요. 바로 눈앞에 펼쳐지는 풍광의 함축이라 생각하시면 될 것 같습니다.

에메랄드 강가에서

실루엣 산수화 일곱 필치 그리다만
강물 위로 풀빛 산 그림자 내려와
이글거리는 붉은 옷고름 풀어헤친다
속절없는 세상사 고달픈 사람들
강물과 절교를 선언할 때마다
자갈 신열로 익어 스러진 자리
딸깍딸깍 바람 우는 밤을 동경한다

시간 가는 줄 모르고 책 몇 페이지를 보고 나니, 옆 텐트에서 풍기는 맛있는 고기 냄새가 진동을 합니다. 집에서나 밖에서나 바뀌지 않는 요리사라는 주부 직업… 빨리 라면이라도 보글보글 끓여 한 냄비 준비할 시간입니다. 피서에 나오나 집에 있으나 전부 사람 사는 모습은 왜 그리 똑같고 단조롭기 짝이 없는지. 그저 먹기 대회라도 하듯이 계속 먹고 마시고 하는 옆 동네 텐트가 있는가 하면, 볼썽사납게 싸운 사람 마냥 우울하게 있는 인상파 가족의 모습, 죄 없는 강물만 바라보며 침묵을 지키는 윗동네 텐트가 있는가 하면… 강물이 죄다 자기 집 노천탕이라도 되듯이 온종일 물속에서 허우적거리며 발로 차고, 물과 싸우는 사람들… 또 잠을 못 자 죽은 귀신이라도 붙은 것처럼 내내 늘어지게 잠만 자는 사람들…. 또 재미있는 건 강물에 쪽대를 드리우고 한 마리 피라미라도 건지고 싶어, 강물 속을 이 잡듯이 샅샅이 뒤지는 사람, 사람들… 앉아 있으면서 바라보이는 풍경들이 고운 하루입니다. 사람 사는 게 별거냐고 늘 이야기해주신 것처럼, 평범 속에 더불어 살아간다는 걸 새삼 느낀 몇 일입니다.

아버지! 자주 찾아뵙지도 사연 띄우지도 못하는 딸을 용서하십시오. 무소식이 희소식이라 하듯이 그저 열심히 살면서 두고두고 부모님 기대에 벗어나지 않는 막내가 되겠습니다. 그리고 아버지 어머니! 그리우면 언제든 달려가겠습니다. 그때까지 건강하게 잘 지내세요 그럼 안녕히~ 다음 서신 때까지~~~ 또 안녕히!

— 경남문학관 〈문인들의 편지〉 전시작

아들 입영 전야

지난밤부터 가을비가 거칠게 내린다. 아들의 해병대 군 입대를 하루 남겨 두고 배웅하기 위해 포항으로 향한다. 아스라이 몰려오는 산 안개비가 한치 앞도 잘 보이지 않게 운행을 방해한다.

나의 애잔한 마음은 감정 조절이 잘 되지 않으므로 같이 동행하기를 거절했지만, 어머니가 되어 아니 따라갈 수 없는 처지다. 그래서 눈물을 머금고 따라나서지만 고행의 길처럼 아득해 온다. 나의 제자들이 군대를 가도 힘들었는데 자기 자식은 오죽하랴. 내일이 지나면 생이별, 지켜보는 어미의 심정은 미어진다.

운전하는 남편도 착잡한 심정이다. 침묵 속 빗길로 미끄러지듯 자가용은 한없이 달린다. 아들이 좋아하는 임재범 노래를 들려주며 어색한 분위기를 없애본다. 아들은 뒷자석에서 걸려오는 전화를 받으며 차분한 마음으로 평정심을 잃지 않고 있다.

룸미러에 비치는 아들 표정 역시 날씨 탓인지 차창 밖으로 시선을 두고 있다. 아들은 여린 것 같아 보이지만 보스 기질이 있어 당당하고 강하다. 천성은 순해도 의리가 있어 친구들 사이에 인기가 늘 많다.

알아서 잘하기에 일찍부터 나는 간섭도 잔소리도 하지 않았다. 반대로 남편은 기대감이 커서인지 훈계식 잔소리가 주특기다. 아들은 잔소리가 싫어 같이 있기를 거부했다. 이런저런 생각에 만감이 교차한다. 남편은 당부말 몇 마디만 하고서 열심히 운전만 한다. 얼마를 달렸을까. 진주에서 출발해 약 4시간쯤 후 포항에 도착하였다. 무심한 비는 더 거칠게 바람과 합세하여 휘몰아친다.

하필이면 날씨마저 우울하게 한다. 저녁을 위해 죽도 시장으로 향한다. 아들이 좋아하는 오징어회랑 홍게의 만찬을 차려놓고 아들을 바라보고 있노라니 금방이라도 눈물이 쏟아질 것 같아 힘이 든다.

뒤돌아보니 그동안 살아온 세월이 결코 짧지만은 않았다. 그래서인지 세상 어머니들이 위대해 보인다. 군대를 보낸 어머니들은 그래서 더 성숙해 보이나 보다. 먼저 걸어오신 내 친정어머니도 그러했을 것이다. 육남매인 나는 중, 고 시절부터 오빠 셋, 군대에 가는 모습을 지켜보았고 부모님과 면회를 다녔기에 그때부터 눈물에 노출되어 있었다.

친정어머니의 애간장을 지켜보았기에 그 맘을 알 수가 있었다. 아들 둔 부모 마음은 다 똑같을 것이다. 팔순 친정어머님이 절대 아들 앞에서 울지 마라 당부했지만 울컥 쏟아져 내리는 눈물을 주체할 수 없어 그만 하염없이 울고 말았다.

사랑하는 아들아

아들아 어쩔 수 없는 별리로
헤어진 지 삼일이 되었구나
삼일, 삼 개월, 삼년만 넘기면
인간의 한계를 넘는 숫자라 했다
대한의 해병답게
앞서거니 뒤서거니 하지 말고
중간만 되어라
힘들거든 뭉게구름 거친
눈부신 하늘을 한번 봐
젊어서 고생은 사서도 한단다
오늘의 고난 평생 밑거름이 되거라

남편 역시 눈물이 나는지 한동안 침묵만 흘렀다. 멋진 아들로 거듭 만들어지길 바라며 1177 기수들을 부대에 두고 돌아오는 길 남편은 그동안 고생했다며 손을 잡으며 위로한다. 7주 후면 고된 훈련이 끝나겠지. 그때는 다시 아들 면회하러 포항으로 가족 모두 가리라.

그때까지 사랑하는 아들아 훈련에 잘 임해다오. 스트레스는 피하지 못할 거면 즐기라는 말 항상 기억해다오. 자랑스럽다. 대한의 해병이 된 아들아. 다시 만날 때까지 건강해라. 7주 후 웃으며 반가운 얼굴로 해후하자. 사랑한다. 아들 안녕.

내가 사랑하는 아들아!

오늘 인터넷 편지를 적는 날인데 너의 친구들 차례라서 못 적는구나! 월요일은 누나와 지영이, 수요일은 아빠 · 엄마, 금요일은 너의 친구들로 엄마가 정해 놓았다. 첨엔 욕심을 부렸지만 그래도 다른 친구들도 그리울 것 같아서 순번을 정했다. 그런데 순전히 내 개인적인 생각이긴 하지만 인터넷 편지를 남친들은 조금은 귀찮아하는 것 같기도 하더라.

나의 사랑하는 아들아!

대한의 남자답게 항상 남을 위해 배려하고 생각하며 살거라. 공부 잘하는 것도 중요하지만 사람은 첫째, 인성이 무엇보다 잘 연마가 되어야 이 다음에 지혜롭게 살 수가 있단다. 엄마는 늘 학생들에게도 공부보다 사람이 먼저 되어라 강조한다.

내가 사랑하는 아들아!

어제 너의 두 번째 손편지를 받고 또 바보처럼 울고 말았다. 너의 대견한 생각, 이제 조금은 철이 들었다고 생각하니 갑자기 네가 그리워서 못 견디겠더구나. 너의 온기가 그리워 엄마는 요즘 아들 방에서 잔다. 아빠 말씀이 어제 편지 읽고 나시더니 작가 아들이라 문장력이 아주 좋다 하시며 흐뭇해 칭찬을 하더라. 어제 아빠의 오글거리는 말씀이 닭살이었다.

이 세상 하나뿐인 아들아!

세상 부모 마음 다 같다 하지만 너는 엄마와의 인연이 다른 사람들보다 각별하다. 신혼시절 애기가 잘 생기지 않아 절에서 기도를 하며 너를 귀하게 가졌기에 아들을 강하게 키우고 싶었다. 초등학교 다닐 때 엄마는 일부러 비 오는 날 우산을 단 한 번도 가져가지 않았다. 비가 오면 비를 맞고, 눈이 오면 눈을 맞으며 걸으라 했다. 바람 불면 바람이 이끄는 대로 살아가라 가르쳤지. 그게 인간이 살아가는 이치고 진리니까. 어차피 인생은 자기 혼자니까 너를 그렇게 키웠다. 서운한 감정이 있거든, 절에서 기도하며 마음을 다 내려놓거라. 이 세상에 해서는 안될 일이라곤 세상에 없다는 걸 명심하면서.

보고 싶은 아들아!

자기와의 한판 싸움에서 이기길 바란다. 세상 뭐라 해도 네가 강하면 결코 두려울 게 없다는 걸 기억하면서 스트레스를 피하지 못하면 즐기면서 살거라. 누가 뭐라 해도 아들은 카리스마 있고 강해 잘 해내리라 생각하면서, 일요일은 법회에서 참회하며 반성해서 항상 겸손하여라. 그리고 동기와 우애를 다지거라.

내가 사랑할 수밖에 없는 아들아!

11월 재회를 기다리면서 훈련에 잘 임해라. 어제 지영이에게 집으로 오라 해서 엄마 아빠 편지까지 다 읽어 보고 갔다. 서운할까봐. 너의 정리 정돈된 방을 둘러보며 감탄을 하더라. 너의 멋진 사진을 천사 홈에 올렸더니 오늘 25장 뽀샵해서 도배를 했더라. 역시 아들이 제일 잘생기고 멋있더라.

그리움이 절절한 아들아!

또 그리운 정 안부로 전하자. 진정코 나의 보물 1호. 김으뜸 사랑하고 있다. 항상 네 뒤에는 든든한 가족이 있다는 걸 명심하면서 끝없이 너의 꿈을 펼쳐보아라. 가장 높이 가장 멀리…. 사랑한다. 나의 아들 잘 있거라. 안녕~. 쪼옥.

천상에 띄우는 편지

순백색 도포 자락에 잘록한 코버선 신고 여행길 오르신, 지금쯤 제법 지쳤을 오늘이 49일이 되는 날. 사각 촌 달력에 커다란 빨간 동그라미 쓸쓸히 웃고 있습니다. 지는 세월 팔랑거리는 겨울바람에도 가슴이 주저앉고 하릴없이 멍해짐에 초승달이 기울다 또 채워지고 그렇게 달포가 지나가더니 어느새 세월은 턱턱 막히는 숨을 따라 유수처럼 흐르고 있습니다.

지난밤 꿈속 유곡천 찬물로 정갈히 목욕재계하시고 반듯한 정장 차려입고 가든을 둘러보시는 아버지 모습에 놀라 선잠을 깨었지요. 사바세계의 49란 숫자가 무엇을 의미하는지 잘은 몰라도 꿈속 선몽 주신 아버지. 편히 쉴 공간으로 이동을 알리는 건지, 이제는 잊어야 하는 줄 알지만 쉽게 가슴에서 뇌리에서 편히 내려놓지 못하고 있습니다.

인연을 가둔다고, 인연을 붙잡는다고 붙잡혀 있을 일은 아니지만, 이제 이쯤에서 갈 길로 가시게 함은 자연의 순리요 상생에서 볼 수 있는 원리이지요. 혼자 가게 차방에서 우전 차 한 잔 다려 촛불을 밝혀 묵언으로 기도를 올려봅니다. 창밖에서 새어 들어오는 칼바람 울음 구르는 소리와 대금 명상 음악이 어우러져, 파도치는 바닷가 산모롱이 절집에 홀로 앉은 착각에 빠져 절로 숙연해 큰절을 올리고 있습니다.

어제는 가시는 길이 서러워서인지 진종일 겨울비를 심란하게 뿌리더니 오늘은 또 홀로 가시기 적적하신지 노여운 바람이 휘몰이를 치면서 씽씽 불고 있습니다. 인간사 만남은 짧지만 이별은 오지게 길어서 애간장을 녹이고 그리워하게 만들지요. 아버지 이제는 냉정하게 이별을 고할 시간이 돌아온 것 같습니다. 기약 없이 돌아서야 할 시간입니다. 많은 추억거리도 남아 있지만 아버지 나라에는 정말 망각의 강이 있는 건가요. 있다면 잊을 건 잊어야지요. 버릴 건 더 과감히 버려야 하지요.

칠순하고 일곱 해 동안 짊어진 어깨의 무거운 짐과 고뇌, 훌훌 망각의 강 언저리에 풀어 던지시고 속 시원히 가뿐한 발걸음으로 뒤돌아보지 마시고 당당히 걸어가셔요. 후회 없이 살았노라고 나 이렇게 멋지게 살다 왔노라고 배포 있고 뚝심 있게 새로운 세계로 들어가세요. 꿈길 같겠지만 천천히 앞뒤 좌우 안개길 아슴아슴 살피면서 따뜻하고 행복한 나라로 들어가시길 빌고 또 빌겠습니다.

5일만 있으면 당신의 생신이군요. 해마다 요란하게 플루트 축하곡으로 유난을 떨다가 주인공 없이 축하곡을 부른다고 생각하니 쓸쓸하고 황량하기 짝이 없을 것 같습니다. 선연히 먼 곳까지 들리겠죠? 아마도, 눈물의 미역국을 어떻게 먹을지 암담합니다. 움켜쥔 감정들이 추위에 돌돌 떨고 있습니다. 그날은 어둠 속 나온 시린 달이 강둑 다리 난간에 걸터앉아 있다가 가겠지요. 빙빙 말문을 일제히 닫고서 속절없는 죄인처럼 돌아서네요. 평생 잊을 수 없는 친정아버지! 이제 편히 쉬소서.

— 경남도민신문(2011. 2. 22.)

가상 유언장 이야기

청록 녹음이 우거진 어느 날 오후 J교수께서 가상 유언장을 한번 써보라고 했다. 불현듯 백지 한 장을 내밀며 가상 유언장을 쓰라고 하면 누구나 놀랄 수밖에 없을 것이다. 처음엔 나도 그랬다.

그러나 요즘 자살문제가 사회적 이슈가 되면서 대중매체에서 유언장이 많이 거론되고, 심지어 중학교 도덕 수행평가에서도 가상 유언장 쓰기가 있어 사회의 흐름을 짐작하게 한다. 또 격월간 모 문예지는 최근 잇따라 국내 대표적인 문인들의 가상 유언장을 발표해 화제가 되고 있는 터라 낯설게 느껴지지는 않았다.

국내 문예지 문인들 가상 유언장에는 의외로 아내에 대한 사랑고백들이 잔잔한 눈길을 끌고 있었고, 그중 어느 시인의 유언장에는 시를 쓴답시고 쥐꼬리만큼도 안 되는 월급조차 아내에게 주지 못하고 시우들과 어울려 탕진하였으나, 그것을 낭만으로 이해하여 참고 살아준 아내에게 '입이 백 개인들 그 죄 다 갚을 수 없다'는 참회의 글을 보고 진실한 마음이 느껴져 가슴 애틋했다.

또 모 대학교수 퇴임을 하면서 퇴임식 날 대학 측에 전달한 가상 유언장에는 의과대 해부학 교실 의학 연구용으로 자기 몸을 기부해 달라는 내용이 들어 있어, 뭇사람들 가슴을 울렸다. 사연인즉 시신 구하기가 어려워 학생들이 실습하는 데 지장이 많다는 얘기를 듣고 그런 결심을 했다고 했다.

역사상 가장 큰 영향력을 남긴 유언장 중 다이너마이트를 개발한 알프레도 노벨의 유언장은 정말 교훈적이다. 그는 우리가 잘 아는 대로 전 재산을 투자해 기금을 조성한 뒤 그 이자로 매년 물리, 화학, 의학, 문학, 평화 등 5개 분야에서 인류에 가장 큰 공헌을 한 사람들에게 골고루 나누어주라고 밝히면서 수상자 선출시 국적을 절대 고려해서는 안 된다는 점을 추가로 밝혀 놓고 있다. 그 상이 바로 전 세계에서 가장 권위 있는 노벨상이다.

만약 내 삶이 일주일밖에 남지 않았다면 세상에 남기고 싶은 이야기는 어떤 것일까. 붉은 글씨로 한줄 한줄 담담하게 가상 유언장을 적어 본다.

가상 유언장은 생을 마감하는 시기에 쓰는 것이 아니라 살아가면서 한 번쯤 써 보는 것도 좋을 것 같다. 자신이 걸어온 길을 정리하면서 잘잘못을 따지고, 신선한 내 삶의 새로운 미래를 그려보면서 목표를 수정하고, 현재 자신이 처해 있는 상황을 곱씹으며 파악하는데 더없이 유익한 것 같다.

앞에서 언급한 이들의 글들을 보고 느낀 건 각자 자신의 맡은 직분에 최선을 다하면서 베풀며 사는 삶을 살아야 후회하지 않는다는 것이다.

재력이 있는 사람은 이름 석자와 재력이라도 남기면서 사회에 공헌하지만 시를 적는 내가 남길 거라곤 시 몇 편, 오늘도 가상 유언장 위에 시를 쓰고 지우고를 반복해 본다.

— 경남일보(2004. 6. 29)

정월 대보름날 추억 이야기

내가 태어나고 자란 곳은 의령, 자암정의 맑은 공기와 기암절벽 위 제각이 운치를 더하고 있어 자연 경관과 잘 조화를 이룬 곳이다. 하천이 넓으니 다리 길이 또한 꽤나 길다. 정월 대보름날은 좌암정 냇가에 용왕님전 양초를 켜놓고 오곡밥과 나물을 종이에 놓고 정성껏 여인들이 빌면서 일 년의 액막이를 하고 가정의 평온을 기원하며서 물가 앞에서 지성을 드리는 것을 어린 시절부터 보아왔다.

냇가에서 가까운 집이라 마당만 나서면 절벽 아래 깊고 푸른 물이 항상 흐르고 있어 한눈에 풍경들이 다 보였다. 초등학교 시절, 정월 대보름날은 이른 아침부터 집 앞에서 망을 보며 여인들이 물가에 지성을 드리고 사라지기를 기다린다. 아무도 없으면 양초 한 자루라도 더 가져오기 위해 정자 아래 사는 선이

와 난 쟁탈전이 벌어진다.

먼저 가는 사람이 양초를 차지하니까 나는 혼자도 부족해 막내 오빠까지 합세하여 보이는 양초마다 친구보다 더 많이 가지고 오곤 하였다. 그래서 어머니 몰래 어두운 밤이면 촛불 잔치를 하면서 신나던 기억이 남아 있다. 늘 어머니는 남의 소원을 망친다고 하여 양초를 주워오는 걸 목격하면 돌려놓고 오라고 야단을 쳤지만 난 한 번도 제자리에 돌려놓은 적이 없었다. 도리어 해마다 하는 일이다 보니 다음 해 정월 대보름날이 애타게 기다려졌다. 이제 생각해보니 참 부질없는 행동이었지만 그때는 어려서 아무것도 몰랐던 철부지라 우습기만 하다.

간혹 양초 곁에 돈도 더러더러 있었지만 돈은 겁이 나서 한 번도 주워오지 못하였다.

어떤 양초는 바람에 꺼져 아주 새것도 있었고, 어떤 양초는 반만 남아 있는 것도 있었고, 또 어떤 양초는 몽당 양초가 되어 있는 것도 있었다.

양초 중에는 길고 가는 양초도 있었지만 두껍고 큰 왕 양초라도 하나 발견하면 로또에 당첨된 것처럼 오빠와 난 엄마 몰래 깔깔거리며 박수로 파이팅을 외치곤 했다. 그 양초들을 몰래 숨겨놓고 밤이 오면 촛불을 켜놓고 책을 보기도 하고 불장난도 하며 지낸 기억이 생생하다.

내일 아침에도 그해의 아침처럼 지극정성 소지종이를 태우고 가는 정갈한 여인들이 과연 얼마나 있을까 궁금해진다. 정월 대보름이 다가오는 이맘때면 새삼 고향의 냇가가 그리워지는 걸 보면 세월이 분명 많이 흘러 변해 있는 것 같다.

믿음도 자기 마음먹기에 달려 있다고 했던가. 나약한 인간들은 작은 일에 목숨을 걸면서 자기 자신에게 위로를 던지기도 한다. 인간은 마음속에 부처가 있다는 걸 미처 깨닫지 못하고서 날마다 다른 세상을 동경하며 영원을 꿈꾸고 있지만 복 달라 한다고 복을 주고, 행복 달라 한다고 행복을 주는 세상이라면 무슨 의미가 있겠는가. 잠시 숙연해진다.

— 경남도민신문(2011. 2. 15)

나의 취미

— 골동품과 차 생활

나에게는 두 가지 취미가 있다. 나의 취미 생활은 지금으로부터 약 20년 전쯤 시작되었다.

첫째는 골동품을 모으는 일이다. 먼 훗날 지리산 자락에 위치한 우리 대봉농장에다 황토로 지은 전통 찻집 하나 운영하면서 자연을 벗 삼아 욕심 없이 글이나 쓰겠다는 생각을 했다. 그래서 하나 둘 모은 골동품과 수석이 어느 날 보니 엄청난 양으로 늘어 있었다. 정말 취미라기보다는 집착에 가까울 정도로 정신없이 모았다.

여유가 될 때는 골동품 가게에서 사기도 하고 직접 시골집을 돌면서 구입하기도 해서 별의별 귀신 나올 물건들이 자꾸 쌓이니까 집이 슬슬 비좁기 시작했다. 돌 절구통만 해도 6개에다 나무 절구통 하나까지. 옛날 탈곡기, 쟁기, 도리깨, 물레, 축음기,

소 구유통, 돌 다듬이판, 대패, 저울, 호롱불, 괘종시계, 풍금, 고서, 가마니 짜는 것, 재봉틀, 고 가구, 화로, 곰방대, 엿장수 가위, 옛날 화폐와 엽전, 기념우표와 엽서, 청자담배와 금복주 술병, 삐삐, 전화기, 타자기, 풍로, 옛날 쇳대, 참빗, 놋그릇, 인두, 이발바리깡, 골무, 호리병, 도쿠마리, 요강 등등…….

그러다 보니 집도 좁고 해서 이사를 하게 되었다. 일층과 지하까지 자리를 차지해서 나만을 위한 전시를 하다가 마음을 비우기로 했다. 남해 해오름예술촌, 의령예술촌, 남해 설천중학교 자료실 등등에 각각 나누어 트럭으로 실어 날라 기증하기 시작했다. 지금은 작은 소품들만 반쯤 남아 있다.

얼마 전에는 풍금과 물레 등 소품까지도 음악하는 지인에게 선물을 했다. 이제는 우리 집을 방문하는 지인들에게 소품이라도 하나 선물로 줘서 보내야 마음이 편한 여유가 생겼다. 이런 모습이 내 첫째 취미가 되었다. 지금은 세월 가면 전통찻집 하나 운영해 볼 거라 했던 생각도 아득해졌고 흥미마저 잃어 버렸다. 지난 세월을 가만히 뒤돌아보면 취미는 취미로 끝나야 하는 것이지 애착과 욕심을 부리고 해서는 안 될 일임을 알았다.

또 하나는 차 만드는 일이다. 화차부터 백초 차 약용 차에서 식용 차까지 차를 덖고 비비고 오묘한 차 맛을 내는 것이 내 삶의 유일한 취미로 자리 잡은 지 오래되었다. 다기에 차를 다릴 때마다 오감이 행복해진다. 봄이면 구증구포를 한다고 같은 작업을 거듭거듭 해도 지루한 줄을 모르고 가족 모두 좋아해 작업에 동참한다.

백련 연꽃 봉오리를 냉동해 두었다가 숙우에 놓고 뜨거운 물을 부어 천천히 녹이면 꽃잎이 살아나 우러나는 향에 매료되면 신선이 된다. 백련 차 맛을 음미하다보면 이 세상 그 누구도 부럽지 않고 좋다.

차는 내 생활에 오래된 벗이다. 알고 보면 별것 아닌 것 같지만 따지고 보면 참 호사스러운 것이 차 한 잔의 여유인 것 같다. 남들은 타인을 만나면 술 한 잔 합시다 하지만 나는 소중한 이들을 만나면 "제가 직접 만든 감꽃 햇차 한잔 합시다"하고 인사를 건넨다.

— 경남일보 경일춘추(2014. 3. 5)

내가 문학하는 이유

내 고향은 의령 유곡이다. 공기 맑고, 물 좋고, 경치 좋은 곳에 태어난 덕분에 고독과 사색을 즐길 수 있었고, 유곡천 냇가 옆 외딴집에서 과수원을 하며 살았기에 어린 시절 사계절, 자연 속에 휩싸여 물소리와 바람 소리 들으며 들꽃 향기에 파묻혀 사는 호강을 누렸다.

밤이면 별들이 총총히 박힌 하늘을 지붕 삼아 우리 집 근처에 있는 대교 다리 위에 평상을 놓고 그 평상 위에서, 아버지 무릎을 베고 아버지께서 들려주시는 옛날이야기 삼매경에 흠씬 빠져들곤 하였다. 아버지는 북두칠성과 수많은 별들의 전설도 자상하게 내게 들려주시곤 했다.

나는 학교에서 돌아오면, 놀 친구가 없기에 외로웠고 심심했다. 6남매의 막내인 나는 곁에 언니 오빠들이 있었지만 늘 아버지를 졸졸 따라다니며 곤혹스럽게 했다. 호랑이 같은 아버지가 한편으론 무섭기도 하였으나 막내인 나를 끔찍이도 사랑해 주셔서, 늘 든든한 이야기 상대가 되어 주셨고 툭하면 쏟아져 나오는 이야기 보따리가 신기했다. 지금은 그 어린 시절이 한없이 그립다.

사춘기가 되면서 아버지 이야기도 시시해지고 조금씩 고독과 외로움에 길들여져 가고 있었다. 감나무 이파리 하나가 팔랑거려도 시냇물 소리만 청아하게 들려도 눈물이 날 만큼 감성의 지수는 내게 벅차게 다가왔다. 일찍부터 일기를 쓰는 습관에 익숙하게 되었고, 그래서인지 언제부턴가 교내 예술행사에 참가하면 내 감성은 다른 사람들과 차이가 있음을 보여주었다.

어린 시절 내 눈에 비친 자연과 아버지의 무궁무진한 이야기들, 그리고 아버지가 일기를 쓰고 가계부를 하루도 빠짐없이 정리하고 바쁜 농사일에도 틈틈이 책을 보고 계시는 모습은 은연중에 나를 문학에 관심을 갖도록 하는 계기를 만들어 준 것 같다. 지금도 그때를 회상하면 아버지의 그런 모습이 참 보기 좋았고 인상적이었음을 기억한다.

나는 오늘 이렇게 문학을 하게 된 동기가 그런 아버지의 절대적인 영향이었음을 숨기지 못한다.

항상 내 편이 되어 격려해주셨고, 하찮은 상을 받을 때마다 친구분들께 자랑하시는 모습에서 나도 몰래 문학소녀가 되어 갔던 것이다.

또래 친구들과 어울리기보다 틈만 나면 책을 보고, 혼자 무엇인가 쓰는 시간을 많이 가졌다. 그러다 결혼을 하면서 잠시 그 꿈을 접고 있었다.

어느 날인가 늘 채워지지 않는 외로움이 목을 조여왔다. 그 이유가 소녀적 그 문학의 미련에 있음을 뒤늦게 발견하고 다시 글을 쓰기 시작했고 그러다 서투른 시집을 두 권까지 내게 되었다.

나는 아직 시가 뭔지, 삶이 뭔지, 고독이 뭔지 잘 모른다. 내 시는 살아가면서 느낀 삶의 넋두리 같은 시어로 포장되었지만 성숙된 시를 알 때까지 그 해답을 찾아 난 계속 문학과 동거하며 나머지 못다 한 이야기, 하고 싶은 이야기들, 살아 꿈틀거리는 무한대 생각들을 펴내어 문학으로 영롱하게 빚어내고 싶다. 그 영롱한 구슬이 다듬어질 때까지 더욱더 문학을 배우며 끝없이 탐구하여 빛나는 진주로 태어나고 싶다.

— 경남문학관, 〈내가 문학하는 이유〉 전시

일년에 한번 띄우는 편지

대문 앞 아치에 걸린 네 마리 풍경이 오늘따라 가족회의를 하는지 요란하게 떠들고 있는 밤입니다. 이제 막 가게를 마치고 들어와 일기장을 펼치다 일년에 한 번씩 띄우는 편지를 또 이렇게 적고 있습니다. 언제 또 한 해의 끝자락에 와 버린 건지 정말 세월의 흐름이 유수 같군요. 수신제가 치국평천하가 어울리는 요즘, 어수선한 경제에 근본은 뿌리에 있다라는 생각을 잠시 해보는 시간입니다.

올해는 무엇보다도 길흉화복의 골이 깊은 한 해였습니다.

당신이 그토록 사랑하며 존중하신 시어머님을 여의고 아직 슬픔이 채 가시지 않은 것은 마음에 무어라 위로를 해야 옳을지 제 마음도 동감이군요. 사람 사는 일이 하늘의 뜻과 같아서 좋은 일만 있을 수 없듯이 살다보면 궂은 날이 더 많은 인간사 기본원칙대로, 소원한 것이 다 된다면 무슨 걱정 있겠습니까? 진주목걸이는 한 알 한 알 영롱한 빛을 발할 때 우아하고 아름답듯 오랜 세월의 은은함처럼 우리 또한 중년을 향기롭게 살아갑시다. 새해 화두는 조금씩 양보하고 이해하는 미덕으로 예전에 그랬듯 다시 시작하는 마음으로 살기로 해요.

얼마 전 어머님의 죽음을 보면서 죽음이 무엇인지 단순히 기가 흩어지고 형체가 사그라지는 일인지 아니면, 그저 다시 우주로 돌아가는 것인지 슬픔만 쏟아내고 있었을 뿐, 곰곰이 생각하니 어느 가사처럼 백년도 못 살고 헤어지는 우리네 인생 당신도 나도 언젠가 헤어져야 하는 자연의 이치입니다. 그러니 마음을 조금씩 덜어내어 비우면서 무소유로 사는 연습을 하며 배워 나갑시다.

말썽꾸러기 두 아이들이 어느새 저보다 훌쩍 커버렸습니다. 아직은 철부지 얼굴이지만 새해에는 으뜸이도 중학교에 들어가는군요. 가람이도 플루트 연주에 요즘 취미를 붙여 차분한 숙녀로 커가는 모습을 보면서 행복이 별것 있나 싶어요. 가족이 화목하고 건강하면 고생쯤이야 사서도 하는데 각자 일들이 많지만 나름대로 열심히 살다보면 좋은 행운이 우리 곁에도 오겠죠?

올해는 무엇보다 대학 졸업 후 다시 공부를 할 수 있게 허락하신 당신에게 진심으로 감사를 드리고 싶어요. 더 나은 미래의 삶과 행복을 위해 힘들어도 조금만 참고 기다려주세요. 당신에게 멋진 삶을 선물할 것을 약속하면서, 수많은 인연 중에 당신과 나 무슨 전생 인연으로 맺어졌는지 몰라도 사랑의 끈으로 묶어진 것에 대해 이제라도 서로 감사하며 살아갑시다.

사주팔자도 자기가 만들어 가는 법, 팔자타령 한다고 운명이 달라지나요. 삶이 힘겹거나 벅찰 때 당신의 동반자보다는 당신의 상담자가 되어 드리도록 노력하겠습니다. 우리는 그래도 마음은 부자잖아요. 아들, 딸 미래가 있고 우리 둘 건강하여 기댈 언덕과 어깨가 있으니 더 이상 무엇을 바라리까? 제 곁에는 당신, 당신 곁에는 제가, 언제나 한결같은 마음으로 있어 먼 훗날 황혼에 서서 추억을 회상하며 마주보며 앉아 웃을 날을 기대하면서, 일년을 정리하며 띄우는 편지입니다.

새해에는 좋은 날만 가득하기를 빌면서 올해는 이만 줄입니다. 내년에는 만인들에게 더욱 존경받는 당신이 되어주세요. 여보! 당신을 언제까지나 사모합니다. 힘내세요!

아들 생일과 어떤 노모

오늘은 좀 특별한 날이다. 초등학교 육 년 아들 녀석 생일이라, 여러 가지 음식으로 아침부터 부산한 하루가 시작된다. 해마다 시어머님이 오셔서 정한수와 상을 차려 놓고 손을 빈다. 알 수 없는 염원들을 고실랑고실랑 빌 때마다 난 간단히 두 손만 모으고 자리를 떠나곤 한다. 그래서인지 이제는 내게도 익숙하고 낯설지 않는 황홀한 장면이다.

십삼 년 전 그 해는 백년 만에 찾아온 더위로 인해, 출산 후 산후조리가 섬세하지 못해 지금까지 후유증에 시달리고 있다. 아들에게 생일은 무슨 날이냐고 하면, 작년까지만 해도 부모님께 감사하는 날이라 말하였는데, 이번 생일은 어쩐지 심술부리는 우산마냥 얼굴이 펴지질 않는다.

무미건조한 과거 우리 세대와 달리, 요즘 아이들은 풍족한 세상을 안고 누린다. 주말마다 별다른 스케줄이 없으면 이구동성으로 새로 나온 영화를 보러 간다. 나른한 일상에서 탈출하여 문화적인 생활 습관과 여과를 즐기는 쏠쏠한 재미가 있기에 극장을 찾는다.

아들 녀석 생일이고 해서 가족 영화 상영을 위해 극장에 도착하니, 극장 포스터 앞에서 우연히 한 노모를 만났다. 한 칠순쯤 되신 연세에 촌로 같은 옷차림에 처음에는 청소하시는 할머니 아니면 직원 몰래 물건을 팔러온 행상쯤으로 생각했는데, 상영시간이 임박하자 자귀꽃 같은 초조한 눈빛을 읽을 수 있었다. 알고 보니 한껏 멋을 부린 중년의 따님과 같이 영화를 보러 온 분이 아닌가?

그 노모와 극장은 아주 무관해 보였고, 행색도 초라해서 결코 극장과는 안 어울리는 아이러니한 분위기다. 그것도 이삼십 대가 보는 애정을 다룬 외국영화 표를 구입하는 거였다. 순간 나는 내 눈을 의심했다.

친정어머니도 칠순의 연세지만 단 한번도 같이 영화를 본 적이 없기에 내내 부러움 반 의아심 반 나를 긴장하게 만들었다. 예사롭지 않은 아름다운 모정, 영화를 보고 있으면서도 나는 내내 그 처음 보는 노모가, 숨막히도록 뇌리에서 떠나지 않고 신선한 충격으로 다가온다.

너무나 당당한 모습이지만, 아직은 투박한 질그릇이 자연도

태를 못 벗어난 것 같은 마음을 어찌지 못했다. 이런 아름다움이 나를 못 견디게 무언가를 적게 요구해 온다. 잠시 보기 귀한 모습 때문에, 향기 없는 내 미래의 오솔길 끝까지 깨달음 안고 다녀온 하루다. 그래서인지, 나는 오래도록 칠순 노모의 극장 나들이를 기억의 숲 속에 저장시켜 놓고 싶다.

그 노모는 무엇을 교감하며 무의미 선을 벗고 집으로 돌아가셨을까?

— 경남일보(2009. 8. 25)

망부석 같은 당신이여!

당신에게 오랜만에 글을 적는 군요. 오전 11시를 알리는 골동품 괘종시계의 종소리가, 우체부 아저씨의 비보처럼 느껴지는 지금! 늦도록 잠을 못 이룬 탓에 이제 깨어나 막 세수를 하고 글을 적습니다. 어제 왜 그리 학교 가기가 싫었는지, 어디 공중으로 사라지고 싶었습니다.

종착역 전화에 들리는 목소리는 결국… 당신!

참 어디서 누구하고 밥 한 그릇 따뜻하게 나눌 사람도 아직 못 정해 놓고 사는, 인생이 어찌보면 되지도 않는 문학의 끄나풀이나 잡고 살며, 하소연하는 자신이 초라하리만큼 싫게 다가옵니다.

누군가가 자기 주위에 세 사람 정도는 밤이고 낮이고 불러내면 기꺼이 한걸음에 달려와 주는 사람이 있다면 그는 성공한 사람이라 하는 글을 본 적이 있습니다. 저에게 밤도 아닌 벌건 대낮에도 마주 앉고 싶은 이가 없다는 건, 삶을 너무 구속당하며 살았다는 증거로 느껴집니다.

어젯밤 학교에서 공부하고 있는데 불현듯 끗발 좋은 경비가 나타나서 학장인 양 흥분을 하며 집으로 돌아가라는 황당한 소리에 공부 포기하고 쫓겨났지 뭡니까? 이 시간까지 위에 보고도 안 되었니 어쩌니 횡설수설… 공부할 수가 없다는 억지를 늘어놓아 돌아와 버렸죠. 그 시간이 저녁 9시 30분을 가리키고 있었습니다. 원래는 11시까지 공부하기로 되어 있었는데 말입니다.

여름방학 중 개인 공부는 할 것 못 된다고 느꼈어요.

그렇게 허탈하게 오는 길에 겁 많은 저에게 천둥은 얼마나 고문하던지 정말 영화 찍는 것 같았지 뭡니까? 번쩍이는 섬광들이 절 삼킬 것 같아, 정말 콩알만 한 가슴을 안고 왜소히 돌아와서도 진정이 되지 않아 괜히 두 아이에게 늦게까지, 티브이 본다고 투덜투덜 화풀이로 끝이 났지만 속상해 시원한 맥주라도 한잔 들이켜고 싶어 큰 병 하나 사왔는데 가슴이 안정되질 않아 결국 냉장고 보관으로 끝나고, 늦은 밤까지 〈천둥 치던 밤〉이란 시로 무서운 밤을 도배하고 말았습니다.

이런 내 마음도 몰라주는 당신, 이제 내 사연 보니 어제 심정 알겠는지요.

내 마음도 몰라주는 망부석 같은 당신이여!

글을 적고 보니 제 넋두리뿐이군요. 미안해요.

천둥 치던 밤

금방 감전될 듯
천둥은 고속도로 자동차
유리에 척 걸터앉는다

겁에 질린 차 실실
중앙선을 배회하며
달아나고

아직 멋진 포즈도
취하지 못한 나에게
무인카메라는 히죽거리며
번개처럼 신분증을
훔쳐 달아난다

늦은 밤 시퍼런 사선을
쩍 그으며 날 고문할 때마다
몸은 마른 낙엽처럼 오그라지고

전쟁터를 가듯이 줄줄이
시속 백삼십을 넘은
갓길 이정표에는
목숨 전당포라 붉게 적혀 있다

절경지 따라 1박 2일

자연이 선사하는 낭만 찾으러 떠난다. 봄 냄새가 혹한을 견딘 겨울나무에게서 아지랑이마냥 올라와 부드럽게 코끝을 스친다. 목적지는 단양, 단양하면 단양 팔경이 있는 곳, 구담봉, 사인암, 중선암, 도담상봉, 석문, 옥순봉, 하선암, 상선암이 있지만 그중 제일 낭만적인 곳이 도담 상봉이다.

남한강의 맑고 푸른 물이 유유히 흐르는 이곳은 조선의 개국 공신 정도전이 자신의 호를 삼봉이라 할 만큼 유서 깊은 곳으로, 그가 유년 시절을 보낸 곳이다. 큰물 홍수에 정자루가 다섯 번이나 없어져 다시 지은 비운의 상처가 있는 정자이기도 하다.

밤낮의 일교차가 20도 이상 나는 곳이다. 특산물로는 겨울추위에 강한 육종 마늘이 있다. 남한강 이곳은 늦은 봄까지 늘 얼음을 끼고 빙설이 흐르는 곳이기도 하다. 봄 날씨에도 잔설과 산 그림자가 내려온 곳곳에는 얼음 조각으로 만들어진 지반이 보인다. 겨울 날씨의 위력을 아직도 잊지 못하게 하고 있다.

왼쪽 산자락에 강변 무지개 모양의 석문도 절경 중에 가히 절경지다. 전설에 의하면 술과 담배를 좋아하던 마고할미는 여기서 살다가 죽어서 바위가 되었는데 지금도 긴 담뱃대를 물고 술병을 들고 있는 마고할미 형상이 남아 있다.

음기가 가득하여 남자들은 가지 마라는 경고가 재미있다. 흐린 날은 안개가 내려와 구름 속에 노닌다 하니 무릉도원이 따로 없다. 이승과 저승의 문처럼 가깝고도 아득하게 느껴져 신비를 더해준다.

산 위의 바람 냄새에서 조선 매화 향기가 난다. 순간, 순백의 고요가 흐른다. 모처럼 일탈을 벗고 이런 비경에 취해 있노라니 이런 구절이 불현듯 스친다.

불교에서는 천지를 인간의 망념이 만들어낸 하나의 허무 무대라 한다. 왠지 숙연해진다. 학교에서는 선생에게 배우면 인간이 되고, 도장에서는 스승에게 배우면 부처가 된다는 말처럼 배움이란 끝도 없다는 생각에 비경에 취해 혼자 서 있다.

이런 곳에 와 있으니 영혼을 흔드는 시 한 편 내게로 들어와 좁은 가슴 오지랖에 붓을 들고 있다.

쉼표

삶의 쉼표 찍어 놓은 석문 앞
갈 길 잃은 내게 마고할미 담뱃대 물고
화색 반쯤 돈 얼굴 내 안 살피다 말고
쩌렁쩌렁 한마디
살다보면 가슴 무너지고
허물어지는 일, 부지기수여
화낸다 한들 골병만 들고
바뀌는 거 없어 야속타 말고
살다보면 좋은 날 올 거야
사랑, 다 부질없어
인생, 속절없는 허상이여

벼락같은 한 말씀, 천기누설 듣고 산 계단 내려오면서 가슴 찡 울리는 종소리 같은 말, 환청 같은 고해성사를 되새기며 가파른 나무계단 길 하산하며 겸손해진다. 따사한 봄볕 아래 삶의 고요가 가라앉고 있다. 눈물겹도록 산천의 향기가 고마울 따름이다.

—《문학과 지역》 발표

제2부

사무침을 부여잡고

동창회

초등학교 동창회가 고향 산천 공설운동장에서 자굴산의 정기를 받아 푸르디푸른 날 열렸다. 1년 만에 보는 반가움에 가슴 설레고 처음 참석하는 친구들은 중년을 넘어 아득히 그 옛날 초등으로 돌아가 기억의 저편에서 가물가물거리는 순간이다. 여자는 어머니가 되고서야 비로소 인간이 된다고 하였다면, 남자는 지아비가 되고서야 세상 흐름을 안다고 해야 하리라.

세월의 흐름은 무던히 흘러갔다. 동창에서의 재회는 그 옛날 꼬맹이들의 추억 어린 시절로 돌아가 야단스럽다. 시골에서 태어나서 그런지 감성만큼은 다들 아직까지도 소박해서 눈물겹다. 두 팀을 나누어 축구 시합을 해보니 영락없는 초등학교 친구 눈높이다. 익살스럽고 재미있는 모습에 화합의 차원은 웃음

바다다. 옛말에 아침에 마음이 맞는 상대를 만날 수 있다면 저녁에 죽어도 좋다는 이야기처럼 삶의 중간지점에서 오랜만에 보는 친구들의 수다들과 안부들은 서산의 해를 넘기고 있다. 해마다 만나는 동창들 중에는 시간을 잘 활용해 색소폰과 기타 등등 제법 멋스럽게 취미 생활은 하고 있는 친구가 있는가 하면, 몸짱 만들기로 건강을 챙기며 여가를 즐기는 친구들도 한 둘 있다.

우리네 인생은 어떠한가. 그립단 말 함부로 못하고 외롭다는 말 함부로 못하면서 세월은 이리도 휘몰이치듯 흘러가고 있지 않는가. 잠깐이면 십 년이고 잠깐이면 적막한 세월은 또 다른 십 년을 기웃거리며 눈물 나게 흘러간다. 어릴 적 짝사랑하는 친구들도 이제는 흰머리 나풀거리는 중년으로 같이 늙어간다. 동창이 좋다는 것은 좋은 일 궂은 일에 따뜻한 격려와 위로의 마음을 내어 주는 게 진정 동창이다.

하지만 각자 삶이 바쁘다는 핑계로 마음뿐이지 않는가. 기껏해야 멀리 있는 친구들은 명절에 한두 번 얼굴 보며 그리운 안부전화가 전부인 세상, 요즘 사회생활에서는 첫인상에 목숨을 걸기도 하지만 동창들은 인간관계에 더 치중하면서 살아간다. 동창들은 늘 마주하면 포근함과 따뜻함이 있다. 그래서 만나면 반가움에 덥석 안아 보아도 편안하고 정겹다. 주역에서 말하기를 우주만물은 내부적으로는 늘 변하지만 하늘과 땅은 움직이지 않아 변하지 않는 고정불변이라 했다.

동창들이여! 건강하면 우정도 오래 나눌 수 있고 행복도 오래 지킬 수 있다. 잊힌다는 것은 서러움이니 서럽지 않도록 자주 연락하며 살아보자. 친구야 살다 살다 그리운 날 있거든 풀 향기 나는 차 한 잔 나누는 여유라도 가져 보며 살아보세.

— 경남도민일보 진주성(2012. 6. 4)

레저 문화

지난 휴일 모처럼 부부 동반으로 지인들과 가까운 삼천포 바다 나들이에 나섰다. 아침부터 장맛비가 조금씩 내리기 시작하더니 서서히 비가 그치고 안개가 자욱하여 해무를 물고 있는 삼천포 해안 경치는 아름다움의 극치를 보여준다.

경남에서 가장 먼저 개장한 사천의 남일대 해수욕장은 흐린 날씨라 그런지 해수욕을 즐기는 사람들이 별 눈에 띄지 않는다. 모래알은 여전히 은조개빛으로 눈이 부실 지경이다. 아득한 수평선 끝자락 안개로 인해 가려진 풍광은 무릉도원을 연상케 한다. 신라 말 고운 최치원 선생이 지나다가 경치에 반해 남쪽에서 가장 빼어난 경치를 가진 곳이라 해 이름이 붙여진 남일대 해수욕장은 예로부터 조개 껍데기가 부서져 생긴 모래로 유명하다.

시선을 끄는 동선이 하나 있다. 남여 한 쌍이 뭔가 공중에 매달려 줄을 타고 있다. 친환경 레저 스포츠인 '에코라인Eco-line 어드벤처'라고 매점 사장님의 친절한 설명이 이어진다. 어드벤처사가 남일대 해수욕장에 길이 185m짜리 에코라인을 동쪽 상공에서 서쪽으로 이동 설치해 운영 중인 것이다.

에코라인은 코스타리카나 하와이 등 열대우림 정글지역 원주민들이 이동하기 위한 교통수단에서 유래됐으며 짚 라인, 짚 와이어, 플라인 폭스 등으로 불린다. 팽팽한 줄에 달린 손잡이를 잡고 위에서 아래쪽으로 내려가는 것으로 짧은 순간 스릴을 즐기는 스포츠다.

호기심이 발동해서 계단을 타고 정상까지 올라가서 타보기로 했다. 높은 곳에 올라 바라보는 해수욕장은 별천지처럼 높게만 느껴져 공포가 몰려온다. 200m 하늘 가르기를 통한 최강의 스릴을 즐기려면 용기를 내어볼 만도 한데 자꾸 다리가 후들거리고 있다. 유격 훈련처럼 장비를 착용하고 출발 소리와 함께 눈을 감았다 뜬 순간, 해수욕장 맞은편 코끼리 바위가 눈앞에 다가와 있다. 바다 냄새가 물씬 창공으로 올라올 즈음 도착지에 발이 닿는다.

스릴은 너무 짧아 좌우를 바라볼 수 있는 기회뿐인 것이 단점이다. 이런 짧은 거리를 타고 9,000원이라는 이용료는 너무 비싼 것 같다는 생각이 들기도 했다.

현재 운영 중인 통영 케이블카는 국내 최장 길이 1,975m로 남일대 해수욕장 에코라인보다 10배가 넘는 길이에다 안전성은 물론 통영항과 한려수도 비경을 10여 분간 한눈에 조망할 수 있는 장점이 있는 것과는 비교가 되지 않는다. 친환경 레저라고 보기에는 약간의 아쉬움이 남는다.

수년 전 번지점프가 유행을 하다 사라지게 된 것도 이용료가 비싸고 안정성이 떨어지는 불확실한 장비 때문이다. 요즘처럼 무더운 날씨에는 이열치열로 은빛 모래가 반짝이는 해변으로 나가 열기가 모인 모래찜질로 장마철 더위를 가볍게 날려보면서 삶의 재충전을 해보면 어떨까.

— 경남도민신문 진주성 칼럼(2011. 7. 6)

양파 수확

지난 주말 친정인 의령 양파 수확 현장에 다녀왔다.

최근 농촌 인구의 감소와 노령화로 농번기 일손이 너무 부족해 도시의 인부들까지 모셔오는 형편이 된 현실이다. 의령군은 2012년 양파 생력화 사업의 일환으로 양파 수확기와 휴립 복토기를 임대 농기계로 확보해 양파 재배 농가의 노동력을 획기적으로 줄여 나갈 방침이라 대책을 내어 놓았지만 언제 시행되어 정착을 할지는 모를 일이다. 넓은 양파밭에 한 20여 명쯤 투입되어 작업을 해본다. 워낙 손이 많이 가는 작업이라 선별에서 담기까지 시간이 오래 걸린다. 한마디로 중노동인 셈이다.

의령에는 양파와 수박이 특작물로 알려져 있다. 어린 시절에는 잎담배도 많이 재배를 하였으나 요즘 들어서는 잎담배 농가들이 거의 자취를 감추었다. 옛날처럼 담배 소비도 금연에 힘입어 많지 않기 때문이다.

양파의 역사는 정확히 밝혀진 바가 없지만 우리의 조상들은 농업이 시작되기 전, 심지어 문자가 발명되기 훨씬 전부터 야생 양파를 먹기 시작했다고 추정하고 있다. 그래서 대부분의 학자들은 양파가 5000년 이전부터 재배되었을 것이라 주장하고 있다.

양파는 다른 채소보다 잘 부패하지 않고 다양한 토양과 기후에도 재배되기 때문에 친환경 채소인 셈이다. 이집트에서도 양파는 숭배의 대상이었다고 한다. 이집트인들은 양파의 겹겹이 쌓여 있는 형태에서 영원한 생명을 보았다고 주장하는 이도 있다. 피라미드 내부 벽과 고대왕국과 신 왕국 모두의 무덤에 양파의 그림이 나타난다. 오래전 이집트인들이 피라미드를 건축하면서 너무 힘이 들어 사흘에 한 명씩 인부들이 죽어나가자 좋다는 약을 쓰도 효험이 없었는데 고민 끝에 건축 인부들에게 양파를 먹게 하였더니 단 한 사람도 죽지 않고 피라미드를 훌륭히 완성할 수 있었다는 유래가 있다. 그래서인지는 몰라도 양파의 그림이 벽화에 많이 그려진 이유는 아직도 미스터리다.

서기 1세기의 그리스 물리학자인 다이오스코리데스는 양파의 의학적인 용도를 몇 가지 적어놓았다. 올림픽 게임에 참여하는 선수들의 체력을 강화하기 위하여 경기 전에 선수들은 양파를 먹게 하고 양파즙을 마시고 몸에 양파를 바르고 문질렀더니 다른 선수들보다 월등하였다고 한다. 양파의 효력은 누구나 다 아는 사실이지만 이뇨작용, 소화, 심장, 눈, 그리고 관절에까지 좋다고 하니까 꾸준하게 복용하는 것만이 건강을 지킬 수 있는 길인 것 같다.

농민 조합원들이 가격 파동 등 견디어 내기 힘들어 하는 시기에 우리 모두 동참하여 경제 살리기에 도움이 되면 농촌도 살고 경제도 사는 일석이조의 효과를 누릴 수 있을 것이다.

— 경남도민신문 진주성 칼럼(2012. 6. 18)

전인 치유

전인 치유란 몸뿐만 아니라 마음, 영혼을 모두 치유한다는 말이다. 아로마테라피aromatherapy 즉, 향기요법으로 팔마로사, 야로, 네롤리, 재스민, 로즈, 멜리사, 캐머마일로먼, 샌드우드, 프랑킨센스, 몰약, 라벤더, 제라늄 등등 각종 식물의 꽃, 열매, 줄기, 잎, 뿌리 등에서 추출한 휘발성 향유인 에센셀오일을 흡입하거나 목욕, 마사지등의 방법을 이용해 심신을 건강하게 하는 요법을 말한다.

기본원리는 코와 피부를 통해 향을 뇌에 전달함으로써 정신적, 신체적, 치유를 가져오는 것이다. 이 밖에도 복잡한 감정을 조절하여 우울증에 빠지지 않게 하고 신체기능을 균형 있게 회복시켜 주어 건강한 생활을 유지시켜 준다.

필자는 근육통이 있어 전신경락을 자주 받는 편이다. 지인이

하는 타이 체형관리와 스킨 바디를 하는 롬프란 관리실에서 전신 아로마 관리를 받는다. 등 관리를 하는 동안 아로마 향기에 정신이 아득해지면서 취한다.

향기요법은 이미 오래전부터 천연 식물 즉, 허브에서 즙을 내어 상처에 바르거나 원시적인 훈증법을 이용했다. 기원전 4000년경 고대 중국 의서 《황제내경》이나 인도의 가장 오래된 종교 서적인 의서 《아유베다》에 에센셜 오일을 황실 및 귀족층 중심으로 사용했다는 기록이 있다. 또 《본초강목》이나 《동의보감》에도 향기요법이 수록되어 전해온다. 그리스의 히포크라테스도 매일같이 아로마 목욕을 하면서 병을 치료하고 건강을 유지했다는 기록이 전해진다.

또 프랑스 화학자 가트포세는 향수를 만드는 공장에서 실험을 하던 중, 향을 배합하는 실험을 하다가 실수로 화상을 입는다. 마침 옆에 있던 라벤더 오일통을 발견하고 다급한 마음에 무의식적으로 그 통에 손을 담그게 된다. 그런데 놀랍게도 통증과 불에 덴 자리가 눈에 띌 정도로 확연히 사라져 버렸다. 그 후 라벤더 오일이 화상치료에 사용되었다.

현대인은 수많은 질환들을 호소하고 있고 그에 따른 치료법이나 예방 차원의 약제나 용법들이 난무하는 현실이다.

약 한 시간 넘게 전신 아로마 관리를 받는 동안 천연 향기 때문이지 나른해지다가도 생기가 돋고 달콤한 사랑의 향기에 의식과 무의식 세계를 넘나들며 봄, 여름, 가을, 겨울 향기를 느낀

듯이 영혼이 자유롭다. 아로마 효과 때문인지 정신적 안정이 되는 것 같아 심리 상태가 편안하여 단잠을 자고 난 것처럼 개운하여 깃털처럼 가볍다.

향기요법은 사람의 몸뿐 아니라 마음 상태까지 조절하는 작용이 있다. 후각신경을 통해 대뇌의 중요 부위에 자극을 주어 신체조직과 기관의 병든 부위와 기능을 치유하는 시대에서 아로마테라피는 삶의 질을 높이고 건강하게 하며 자연을 느끼게 한다. 향기로 건강과 미를 조율하는 전인 치유 체험도 피로에 지친 현대인에게 누릴 또 하나의 자연이 주는 아름다운 선물이다.

— 경남일보 경일춘추(2014. 2. 26)

천사의 집

올해의 기초수급자 자녀를 상대로 무료급식 봉사를 하는 곳이 있다 하여 급식 현장에 다녀왔다.

우리 주변의 어려운 이웃들에게 희망을 나누어주는, 동네 희망 나눔의 주인공은 진주시 하대동에 위치한 패밀리 레스토랑인 '바비노'의 백승정 대표님! 경제적인 어려움으로 식사를 제때 챙기지 못하는 어린이들에게 돈가스와 음료수 등을 제공하였는데 참가한 학생들은 맛있는 식사에 신난 하루였다.

백 대표는 여유만 있으면 한 달에 한 번씩 제공하고 싶다고 하였지만 패밀리 레스토랑도 매상이 예전 같지 않아서 마음처럼 쉽지 않다는 이야기를 귀띔해주면서 쑥스러워했다. 기부천사들은 큰돈으로 나눔을 실천하는 것보다 작은 돈이지만 값지게 베풀면서 보람을 느끼며 살아간다고 한다.

사마천의 《도덕경》에 보면 훌륭한 장사꾼은 물건을 깊이 감춰 겉으로는 초라하게 보이게 하고 군자는 풍성한 덕을 지녔으면서도 그 겉모습은 어리석게 보인다는 이야기가 있다. 교만과 욕심 그 잘못된 생각들은 모두 버리라는 교훈이 담긴 뜻이기도 하다. 불교에서는 방하착이라 하여 모든 욕심을 내려놓고 무소유를 강조하기한 말과 같은 이치다.

배부른 자가 배고픈 자의 속을 모르는 세상에, 어려운 이웃의 희망 지킴이들의 정성이 감동받게 한다. 값진 음식에 행복해서 환하게 웃는 꿈나무들의 미래를 보면서 감사함의 씨앗이 가슴에 꼭꼭 심어져 먼 훗날 학생들도 사랑을 베풀면서 살아가야지 하는 마음을 가지기를 바란다. 말 한마디가 천 냥 빚을 갚는다면 베푸는 마음 하나는 만 냥 빚을 갚을 수 있는 위력을 가진 것 같다.

인간의 마음 씀씀이를 보면 그 사람의 그릇이 얼마나 큰 지 알 수 있다. 큰 그릇은 우주를 담지만 작은 그릇은 세상 속 욕심밖에 담을 수가 없다.

요즘 경제가 어려워지면서 조손 가정들이 늘고 있다. 부모의 이혼, 사망 등 어려운 사정으로 조부모와 함께 살고 있거나 저소득 아동, 모두가 손길을 기다리고 도움을 요청하고 있다. 그러나 국민 기초생활 보장법의 지원을 받지 못하는 빈곤층에서는 혜택을 받아도 생활이 어렵다. 재난 사고, 질병 등으로 인해 생계의 어려움을 겪는 위기 가정에 따뜻한 배려가 시급할 때이다.

이런 시점에서 어려운 상황에 있는 아동에게 무료급식을 제공하는 장소를 천사의 집이라 이야기해도 결코 넘치지 않을 것이다.

— 경남도민신문 진주성 칼럼(2012. 5. 7)

비타민 헬스

세월은 어느덧 완연한 봄인가 했더니 꽃샘추위가 조선 매화 개화시기를 못 견디게 방해하고 있다.

간간이 살랑이며 불어오는 바람 속 건강과 미용의 증진을 위해 비타민 헬스에 등록을 했다. 많은 남성들은 건강을 위해 중량을 사용해서 파워와 테크닉을 함께 접목을 하여 웨이트 트레이닝(역도) 운동을 하면서 근력 강화 운동을 하고 있었다. 호기심이 발동하여 유산소 운동 트레이드밀(러닝)과 사이클, 바이브레이션에서 펙텍플라이(가슴 모으기) 등등 기본 동작을 배워보면서 헬스장 회원들과 호흡을 같이한다. 몸매도 자기가 노력하는 만큼 가꾸어지는 것을 느끼는 순간이다. 그동안 운동에 별 매력을 느끼지 못해 나태하게 미루어 왔는데 헬스장에 오면서 또 다른 욕심 하나가 생겼다.

얼마 전 KBS2 해피선데이 〈남자의 자격〉에는 78일간 식스팩 만들기에 도전한 일곱 연예인들의 도전 결과, 뱃살이 많은 이경규가 탄탄한 복근을 자랑해 보는 이들의 감탄을 자아내게 했다. 평소 좋아하는 술을 끊고 식스팩을 만들기에 도전한 이경규는 50대 나이에도 불구하고 극찬을 받은 케이스는 엄청난 노력의 결과이다.

요즘 사람들은 쉽게 포기하고 좌절하며 인내심을 상실한다. 운동은 냉철한 자기와의 싸움이다. 요즘 이슈가 되는 남성들의 로망인 식스팩을 만들기 위한 헬스 사장님의 추천운동 설명을 잠시 대신해본다. 첫째 운동은 싯업(윗몸 일으키기)라 한다. 상복부의 발달을 위한 효과적인 운동이라 내복사근, 외복사근, 복직근 근육 운동을 많이 해야 식스팩을 만들 수 있다는 것이다.

여성들이 좋아하는 유산소 운동인 트레이드밀(러닝)은 긴 시간 에너지를 만들어 내는 능력이 요구되는 스포츠이고 인내심이 뒤따른다. 초보자인 필자 역시 오래 견디지 못하고 번갈아 가며 컨디션에 따라 운동량을 조절한다. 스트레칭에서 때론 가볍게 때론 조금 무리하게 근육을 길들여 가고 있다. 그러다 보니 체지방 분해로 인해서인지 한결 몸이 가볍고 편안하다. 운동이 먹는 보약보다 좋은 비타민인 것이다. 운동을 하다 말고 건강한 회원들이 살아서 내는 거친 숨소리에서 기합까지 끙끙 앓는 호흡 소리를 듣는다. 웃으면서 이런 농을 건넨다. "강제로 누가 일을 이렇게 시키면 할 사람 있을까요?" 주위 분들 하하 박장대소다.

필자는 대학에서 학생들을 가르치는데 수업시간마다 개인 좌우명 하나를 강조한다. 하면 된다, 할 수 있다, 노력해서 안 될 일은 결코 없다고 오늘도 열강한다. 건강도 노력하기 나름이고 인생에서 성공도 자기 하기 나름인 것이다. 꽃빛으로 물들어 가는 이번 주말, 야외로 나가 생의 활력소를 보충해보면서 가벼운 운동도 곁들이면 어떨까. 싱싱한 에너지와 엔돌핀이 넘치지 않을까.

— 경남도민신문 진주성 칼럼(2012. 3. 21)

신용과 성공

요즘 사회에서 신용이 없으면 성공할 수가 없고 인맥을 넓혀 갈 수가 없는 현실이다. 그러다 보니 시간 약속에서부터 다른 약속까지 이 모든 문제들이 신용이란 단어 속에 포함될 수밖에 없는 사회가 되고 말았다.

어떤 사람이 이런 문제를 냈다. 상인에게 가장 값진 것은 무엇입니까. 혹자는 황금과 보석이라고 했다. 혹자는 부동산이라 했다. 또 다른 이는 유동적인 현금이 제일이라고 했다. 혹자는 상표가 최고라고 한 사람도 있었다.

많은 대답들 중에서 가장 값진 것은 바로 신용이다. 맹자는 믿음이 없으면 백성이 바로 설 수 없다고 했고, 공자도 말에 신용이 없는 자와는 사귀지 말라고 했다. 신용은 다른 어떤 것보다 값진 것이다.

옛날이나 지금이나 장사하는 사람들 중 일부는 신용이라는 대가를 치르면서까지 당장의 이익만을 추구하는데 이것은 작은 이익 때문에 자신의 근본을 잃을 수 있음을 모르고 하는 행동이다. 말과 행동에 진실한 믿음이 있는 사람과 함께 일한다면 무슨 일을 해도 기운이 날 것이다. 그러나 항상 속이기만 하고 거짓말만 늘어놓는 사람과 함께 일을 한다면 아무리 강한 사람이라 해도 종이호랑이처럼 금세 맥이 빠져 버리고 말 것이다. 진실한 믿음을 가진 사람은 아름다운 장미꽃에 향기가 가득한 것 같고 사막에 오아시스를 만난 것과 같다고 할 수 있다.

그러나 믿음이 없는 사람은 허리에 돈다발을 두르고 있어도 행복해 할 줄 모르고 기뻐할 줄 모른다. 그러므로 신용은 곧 믿음을 주는 확신이요, 서로가 서로에게 신뢰할 수 있는 보증 수표인 셈이다.

사람은 끼리끼리 만난다는 말이 있다. 성공한 사람들은 성공한 사람끼리 어울린다. 따라서 어떤 사람의 참모습을 알고 싶다면 그 사람의 친구들을 보면 된다는 말이 있다. 그래서 자기와 비슷한 부류와 함께 있을 때는 항상 공통적인 화제가 끊이지 않고 대화가 잘 통하기 때문이다.

빌 게이츠에게 워렌 버핏은 좋은 친구다. 빌 게이츠는 워렌 버핏의 유머 감각과 지혜로움에 반해 무슨 일이 생기면 마치 어린아이처럼 그에게 달려가 조언을 구했다.

성공한 사람들은 서로가 서로를 더욱 발전시키곤 한다. 만약 당신이 성공하고 싶다면 성공한 사람과 함께하라고 이야기하고 싶다. 그리고 서로를 도와주면서 그를 본받고 그와의 친분을 유지하면서 마지막까지 동반자가 되어준다면 더없는 벗인 것이다. 그것은 바로 진실을 아는 인간 중심에서 오는 미덕이고 매너인 것이다. 상대가 어떤 직종에 종사하는지 또 그 사람이 성공했는지 못했는지는 상관없이 인간관계는 성공을 좌우하는 중요한 역할을 하는 것 같다. 훌륭한 인간관계를 맺는 것은 곧 신용이요. 성공한 사람들이 지키는 기본 원칙인 것이다.

— 경남도민신문 진주성 칼럼(2012. 6. 25)

발 건강 요법

요즘 대체 의학의 선두주자로서 발 건강 요법이 널리 대중화되어 있다. 10분이면 누구나 건강해질 수 있는 건강증진법이 바로 발이 건강해야 생활이 건강해 질 수 있다는 것이다.

발 건강 요법의 기원은 약 5000년 전 고대 중국의 의학서적인 《황제내경》에서 비롯되어 《황제내경》의 〈소녀〉 편에 관지법이 소개되어 있는데 인체 내의 각 장기와 기관이 손이나 발에 대응적으로 나타난다고 하여 발을 인체의 축소판으로 인식하였다고 한다. 그래서 발은 제2의 심장이라 한다. 심장은 동맥혈관을 통해 맑은 피를 온몸의 끝까지 흘려보내어 혈액순환을 촉진하는 역할을 한다.

필자 역시도 오래전부터 직업병인 하지정맥류가 심해 지압법을 공부하게 되면서 지금까지 생활에 잘 활용을 하여 건강을 많이 회복한 상태이다.

발 건강 요법이 체계화된 것은 1913년 미국 내과의사인 윌리엄 피츠제럴드가 덴존 테라피Ten Zone therapy라는 이론을 의학계에 논문으로 발표하면서 90년대 중반부터 몇몇 대학병원에서 족부클리닉이 도입되기 시작하였다고 한다. 반사의 원리는 자극에 대한 반응을 의미하며 발의 특정부위를 자극하여 인체 내부의 상응하는 부위가 반응한다는 뜻이다. 그리하여 음양의 원리로 인체의 음양오행과 경락체계에 따라 발의 말초신경을 자극하여 인체 각 기관에 음양의 조화와 균형을 유지하고자 하는 원리인 셈이다. 민감한 부위의 공인된 반사구는 약 62개 정도 된다고 주장하고 있다.

발 건강요법의 효과에는 호전반응 결과로 인해 인체에서 여러 가지 형태의 변화를 일으키며 통상적으로 3일 정도 지속된다고 한다.

첫째, 노폐물 배설기능이 좋아지고 노폐물이 탁해지는 반응이 나타나며 냄새가 지독해진다고 한다. 둘째, 눈이 환해지고 정신이 맑아지는 느낌과 몸에 열이 나거나 손발에 땀이 나며 갈증도 느낄 수 있다. 셋째, 속이 약간 메스껍고 어지러운 증세를 동반하며 자극한 부위에 통증이 지속적으로 남아 있다. 넷째, 나른하고 피로감이 더 심해지거나 몸살 기운을 느낄 수 있으면 수면 시간이 길어지고 눈곱이 많이 끼는 증상이 나타날 수 있다고 한다.

발이 건강하려면 편안한 신발을 신고 하루에 한번 땀이 날만큼 걷기운동과 항상 발을 자극하는 습관을 가지면서 생활한다면 당신의 손은 이미 약손이 되어 만성피로에서 벗어나 건강하게 살 수 있을 것이다. 우유를 마시는 사람보다 우유를 배달하는 사람이 더 건강하다는 영국 속담이 생각나는 아침이다.

— 경남도민신문 진주성 칼럼(2012. 5. 14)

복지원 사람들

봄꽃들이 다투어 만개한 지난 주말 고향 의령에 행사차 갔다가 우연히 의령복지원 사람들을 취재할 기회가 있었다. 복지원은 선천적 장애인, 부랑인, 알코올중독자, 마약중독자 등이 가족과 사회로부터 격리되어 살고 있는 곳이다. 갖가지 이유로 버려져 거리에서 울다가 시설에 들어오는 사람들, 어느 날 가족의 손에 이끌려 시설에 맡겨진 후 서서히 잊혀 가는 사람들, 혹은 이곳저곳 병원을 전전하다가 마지막 종착역으로 들어오는 사람들이 모여 사는 곳이다.

복지원은 20년 넘게 새 삶의 집으로 거듭나면서 삶의 질을 극대화시키는 일에 전념을 기울이고 있다. 부랑인 재활시설과 정신지체 장애인들의 재활 시설을 소망의 집에서 재활치료 프로그램, 미술치료, 음악치료, 체육치료, 운동치료, 서예반 등등 다양한 프로그램이 짜여 운영되고 있다. 종교 활동도 수, 토, 일, 정기예배 목회날로 정해 정신적 버팀목이 된다. 지역행사도 연중 실시하고 있어 농번기 때에는 벼 베기, 양파 수확 봉사, 버섯 작목 도우미 등등 돌아가면서 치료가 된 이들부터 적은 수입이지만 각자 자유롭게 일자리를 창출해 주고 있었다.

필자가 만난 그분도 그날 버섯 작목 도우미로 하루 일당을 당당히 받고 흐뭇해하며 복지원으로 돌아가는 그런 분이었다. 아직도 건강이 회복이 되지 않아 일을 못하는 이가 있는가 하면, 하루 삼만 원의 노동의 대가에 감사할 줄 아는 이도 있었다.

50대 후반의 필자가 만난 분은 시설에 들어오기 전 무얼 하셨냐는 질문에 해맑게 웃으며 인생 여정을 담담히 털어 놓았는데 술집, 음식점, 포장마차 안 해 본 것이 없다는 그의 과거사 애환들이 가슴을 아리게 하고 있었다. 외부 작업장 취업훈련은 사회복귀를 해서 자립적인 생활을 돕기 위해 취업의 기회를 제공해 주는 중요한 역할인 셈이다.

여러 가지 프로그램의 실시 목적도 사회의 일원으로 복귀하고자 하는 의욕을 고취시키는 것과 자신감을 가지게 하여 정서를 순환함에 있다고 했다. 인간들의 욕구는 무한하고 능력 또한 무한하다.

얼마 전 세상을 떠나면서 두 아들에게 명언을 남긴 오드리 햅번의 나눔의 삶이 새삼 떠오른다. '사람들은 상처로부터 복구되어야 하며 낡은 것으로부터 새로워져야 하고 병으로부터 구원받아야 한다. 결코 누구도 버려서는 안 된다'는 말과 '한 손은 너 자신을 돕는 것이고 다른 한 손은 다른 사람을 돕기 위한 것이다.' 그가 남긴 명언처럼 나눔의 삶이란 그가 출연한 〈로마의 휴일〉 영화처럼 아름다운 모습에서 나오는 것이 아닐까. 봄꽃 화르르 피는 날, 어려운 주위를 둘러보고 나눔을 실천해 보는 것도 기분 좋은 생활일 것 같다.

— 경남도민신문 진주성 칼럼(2012. 4. 25)

무병장수와 이름

조선시대에 왕들의 무병장수를 기원하는 의미에서 창덕궁 연경당 입구에 불로문(돌문)과 불로지 연못을 만들었다. 오랜 세월이 흐른 지금도 사람들의 염원인 병 없이 건강하게 오래 살기를 위해 꾸준히 돌문을 사용하며 건강을 기도하는 장소가 되어 인기다.

얼마 전 헬스장에서 우연히 만나게 된 지인 한 분, 별난 이름 덕분에 일명 스타가 되어 있는 기막힌 사연을 들을 수 있었다.

오십 대 후반이신 강도범 씨는 부모님이 세 명의 자녀를 잃으면서 이름을 천하게 지어 오래 살기를 간절히 바라는 의미에서 무섭게 지어 무병장수하라고 지은 이름이 강 씨에다 도범이라는 이름이라고 했다. 그분은 지천명까지 살아오면서 한 편의 인간극장보다 더한 에피소드가 있었다.

결혼식도 뜻대로 하지 못하고 전통혼례를 올렸는가 하면 신랑, 신부 이름 또한 마음 놓고 써놓지 못하는 웃지 못할 일들도 있었고, 도대체 강도범과 결혼하는 여인은 간 큰 여인이 아닐까 생각을 할 것 같아 조용히 혼례를 치렀다는 것이다. 도장에도 성명 뒤에 인자가 들어가야 하기에 강도범인이 되므로 이름자만 새겼다는 지인, 가는 곳마다 이름으로 인해 울고 웃는 사연들 때문에 각종 언론에 출연해 유명하기까지 했지만 반대로 어린 시절 놀림의 대상이 되고 또 살아오면서 자신의 이름을 이해하기까지 많은 시간이 필요했다고 했다.

하지만 이름 덕분에 1년 365일 대문을 잠그지 않아도 강도 및 도둑이 침입하지 못하는 장점을 가졌노라고 하신다. 가끔씩 약주 드신 분들이 몇 범이냐고 전화로 물어오면 화가 나면서도 슬그머니 여유 있는 웃음을 보이신다는 분, 그 덕분인지 자녀들도 엘리트로 성장해 약사와 K연구원으로 훌륭히 자리를 잡을 수 있었다고 한다.

작명가들은 삼원오행三元五行으로 짓는다고 주장하지만 대부분은 그렇지 않다는 것이다. 삼원오행은 천지자연의 이치와 사람의 이치가 서로 조화를 이루어야 한다는 진리를 말하며 성명학에서 이름의 한자 획수를 천인지天人地의 3요소로 계산하고 이 숫자를 다시 오행으로 분류하여 천지인天地人의 오행이 서로 생생이 되어야 좋고 상극의 배열이면 흉하다고 하는 것이다. 17대 국회의원 297명의 인사 중에 삼원오행이 상생 상비하는 이름은 불과 117명(39.4%)에 불과하며 반대로 상극의 조합이 되어 흉하다는 인사의 이름은 180명(60%) 이상이 된다고 한다. 그래도 다 잘 살고 있지 않는가.

요즘 모든 사람들은 잘되면 자기 탓이고 못되면 조상 탓이라 돌리면서 책임을 회피하고 있다. 무엇보다 현실에 만족하면서 부모님께서 지어주신 소중한 이름에 감사하는 마음을 가져보면서 살아갈 일이다.

— 경남도민신문 칼럼(2012. 4. 18)

자연이 주는 선물

자연의 기운을 느끼고 싶을 때는 나의 말 없는 친구이자 향기가 알싸한 아카시아 꽃차, 찔레꽃차, 생강차, 매화차 등등 여러 가지 화자를 즐겨 마시곤 한다.

언제부터인가 순수 한방 국산차부터 세계 각국의 차까지 접하면서 차 문화에 매력을 느끼게 되었고, 다도의 생활에 재미를 붙이기 시작하면서 다기와 차를 모으기 시작하다 보니, 지금은 어느 전통 찻집 못지않게 다기와 차가 즐비하여 차와의 인연이 이어지고 있다.

날씨 따라 물맛 따라 차 맛이 달라서인지 어떤 차를 마실 때는 맛 자체가 너무 평해서 오감을 흔들지 못했고, 어떤 날은 '아! 바로 이런 맛이 자연이야' 라는 생각을 하면서, 허브 차에 길들여진 나의 미각에 능가할 맛을 동경하다가 모 지인의 화차를 접하면서 비법 아닌 비법을 넓혀가며 지식과 영구 경험으로 공부를 하기 시작했다.

그리고 가게에 오는 손님들에게 많은 차들을 준비해 놓고 대접하기는 비용도 만만치 않던 중, 한 가지 두 가지 만들기 시작해서 삼 년쯤 지나니까 꽃의 세계가 내게서 피어났다. 야생화며 주위에 손쉽게 구할 수 있는 꽃들을 바라보다 깨달음을 알게 되었고, 철마다 피고 지는 꽃과 잎들을 덖어도 보고 고운 빛깔을 잡기 위해 쪄보기도 하고 별별 노력을 하면서 작년부터는 한 30종쯤 만들어 맛을 나누며 시음하였다.

인생도 그러하듯 꽃과 다를 바 어디 있으리오.

지순한 꽃도 사계절 순리대로 피어나 지고 마는 것을 보면서, 안타까워 오래도록 두고두고 바라볼 수 없을까 하는 아쉬움에 시작한 취미생활, 연약하고 애잔하여 다가가서 따려고 하면 자꾸 안쓰러워 미안하다고 독백만 하는 나 자신 어찌 하지 못한다.

피면 지고 마는 서러운 그대, 새로운 이름으로 다시 태어나게 하는 과정은 며칠 밤이 가고 해가 뜨는 시간 속에 완성의 기쁨을 알게 한다. 이렇게라도 붙잡아 두고 다기 잔에 바라보는 이유 없는 아름다움은 무죄라 이야기해도 될까?

화차는 일상생활에서 오는 스트레스와 우울증에도 상당히 효과가 있다고 전해진다. 숙우에 몇 잎 띄워진 도화차 세상, 어떤 이가 이것을 보고 마음에 여유와 평온을 느끼지 않으리오, 감탄하지 않으리까.

차 한 잔에는 마음의 슬픔에서 근심까지 정화하는 능력이 있으리라 믿어본다. 화차의 화려함과 그윽함, 빛바랜 색깔, 순수함 속에 자연이 숨어 있다. 철 따라 만드는 즐거움도 있지만 나누어 주는 마음은 소박한 풍요로움이다.

몇 년 후 지리산 자락 어디쯤 나의 농장에 황토로 그림 같은 전통집 하나 그려놓고 도회지를 떠나고 싶은 이들의 안식처가 되도록 계획해 놓고 있다. 직접 차도 만들어 팔고 세상 지친 이들의 쉼터가 될 수 있는 공간, 시와 음악과 풍광과 좋은 공기를 드리우고 욕심내지 않는 나의 중년을 다지면서, 고운 햇살과 더불어 그리운 시인으로 자연을 벗 삼아 살 계획이다.

휴일, 모처럼 등산을 하고 난 후 농장에서 감잎차와 유채차를 따 가지고 와서 구증구포로 서재에 가득 차를 만들어 놓고 고단함을 달래려니 자연의 향기에 아득해서 가족 모두 잠든 지금 이 밤 도저히 잠을 청할 수 없게 한다.

투박한 다기에 감잎차를 다려놓고 고소함에 반해버린 나도 어쩔 수 없는 여인인가 보다. 한적한 시골의 향기가 집 안 가득하다. 금방 손질한 차 위로 새벽을 향해 모락모락 향기 물고 올라온다. 지금 창밖에는 싱그러운 물욕으로 봄비가 조용조용 내려서인지 더없이 행복하다.

야심한 밤 혼자 누리는 즐거움이 못내 아쉽다.

자연의 힘을 받고 나면 내일은 더 화사하게 꽃잎 되어 에너지 피어나리라.

— 경남일보(2011. 3. 5)

염불암 산사의 법문

봄비가 하염없이 내린다. 마음이 한량없이 심란하여 소중한 이의 발길 따라 어느 산사의 법회에 동참하기로 하여 길을 나선다. 인연은 인연 따라 흘러간다고 하듯, 바쁜 하루 반나절 내려놓고 국도로 한참을 달리다가 농로길 꼬부랑길 저 끝자락에 아득히 숨어 있는 절집 하나 안개 속 법당 허리만 조금 드러내어 희뿌옇게 보인다.

세상 시름 잊고 오랜만에 달려간 어느 산사의 큰스님 염불 소리가 오늘따라 빗속 서럽게 파고들어 눈물이 날 지경이다. 법당 안은 먼저 참석한 불자님의 법문을 외는 소리와 옷깃을 스치며 내는 기도 소리가 법문을 잘 모르는 필자에게 자꾸 고개 숙이게 만든다.

미련한 인간이여! 업을 닦으려고 하지 말고 업을 짓지 마라.

잘났다고 못났다고 나서지도 뒤처지지도 말며 중립을 지켜라. 이런 말씀들이 스펀지처럼 흡수가 되어 스며든다. 무엇이 그리 바쁜가. 눈을 떠도 그것이고 눈을 감아도 그것인데 볼 때는 내 것이고 안볼 때는 남의 것이다. 그러나 욕심낸다면 내 것이 아니고 남의 것이 될 것이다.

무욕무심을 나타내는 경지의 말씀들. 옛 어록에 대인은 자기 걱정에 여념이 없고 소인은 남의 말만 걱정한다 했으니 우리 인간들이 인체기능을 잘 활용하면 군자에서 성현부처까지 그 인격을 이룰 것이요. 잘못 악용하면 인간다운 인간은 물론이고 보잘것없는 금수나 미충에도 미치지 못하는 하잘것없는 인품에 그칠 것이라는 말이 떠올라 참회하게 만든다.

다음 주면 석가탄신일이다. 원래는 부처님 탄신일을 순우리 말인 부처님 오신 날로 조계종에서 통일을 하여 부른다고 한다. 법당 종불사보다 사람 만드는 불사를 펴겠다고 주장하는 글귀를 불교 신문에서 본 적이 있다. 크리스천이나 불교나 진리는 똑같다. 욕심을 버리고 착하게 살아가라, 그리고 베풀어라, 그리하여 몸을 낮추어 겸손히 기도하라. 이보다 더 좋은 진언이 어디 있으랴.

나약한 인간은 고난에 처했을 때 기도를 하게 된다. 제발 살려 주세요. 용기를 주십시오. 간절한 마음처럼 소중한 법문들을 많이 들어 귀를 닦고 마음의 욕심을 씻어 낼 수만 있다면 우리 내 인생 번뇌에서 해탈로 가는 길이라 하겠다. 미워하다 그래도 아니 되면 용서하라는 말처럼 인간은 생각하기 나름이고 마음 먹기 나름이라 생각하면 이 세상 못 할 것이 또 무엇 있으리까.

— 경남도민신문 칼럼(2012. 5. 21)

노화를 늦추는 습관

따뜻한 정을 나눈 설날이 지났다. 새해가 바뀌면 모두들 제일 많이 하는 인사가 새해 복 많이 받으세요. 좋은 꿈 꾸셨습니까? 안녕을 묻는다. 복은 눈에 보이지 않기에 그저 간절한 마음으로 복을 많이 받길 염원하며 덕담을 나눈다. 인간들은 한 단어를 말하는데 650개의 근육 중 72개를 움직여야 이런 문장을 이야기할 수 있다고 한다. 말 한마디가 상대방을 온종일 기분을 좋게 한다.

얼마 전 《늙지 않고 살아갈 수 있는 습관》이란 책을 읽은 적이 있다. 평소 조금만 노력하면 누구나 다 따라할 수 있는 쉬운 일이라 소개해 볼까 한다.

지금부터 느림의 미학의 근본들을 알아보기로 하자. 먼저 칼로리 섭취를 절반으로 줄이고 열을 가해 조리한 음식을 가능한

삼가하고 단순한 재료를 조리하여 적당량만 먹는다. 물은 매일 2000cc 정도 마시면서 체형 유지를 위해 식사 전 30분과 식후 2시간 후 물을 마신다.

그리고 매일 30분 정도 걷는다. 다리는 제2의 심장이다. 노화는 다리부터 온다고 한다. 걸을 때 눈의 시선은 15도 상단을 보고 걷는다. 땅을 보고 걸으면 다리가 벌어지기 때문에 똑바로 걷는다. 호흡은 깊게 서서히 고요히 한다. 무리한 운동은 하지 않는다. 과도한 운동은 수명 단축이 올 수 있다. 무리한 유산소 운동은 활성산소가 생겨 세포에 악영향을 줄 수가 있다.

즐겁게 살며 긍정적인 마인드를 갖는다. 그리고 자주 많이 웃는다. 주위에 존경을 받도록 노력하며 분노를 다스릴 줄 알아야 한다. 항상 타인과 잘 지낸다. 사람은 사회적인 동물이므로 타인과 적극적으로 관계를 맺는다. 인간관계가 좋으면 삶의 질이 높아 생명력도 높아진다.

적당한 취미생활을 한다. 등산, 산책, 수영, 등등 가벼운 운동을 생활화하여 유연성을 키운다. 또 치매를 예방하기 위해 두뇌 활동을 많이 하는 독서나, PC, 두뇌 스포츠인 바둑, 당구, 볼링도 삶의 활력소가 된다.

매일 식초를 물에 타서 먹는다. 식초를 먹으면 혈액이 막히는 증세가 없어진다고 한다. 그러므로 지방 분해가 되어 혈액순환이 잘되고 아침에 누는 소변에 냄새가 나지 않아 건강에 아주 이롭다고 한다.

앞에 소개한 몇 가지를 실천만 잘해도 내 몸이 젊어진다고 하니 신체 나이를 줄이는데 동참해볼 일이다. 그리고 꾸준히 실천하는 생활의 지혜야말로 건강하게 100세 시대로 갈 수 있는 느림의 철학을 배우는 일이다.

이 세상 우주의 점 하나로 태어나서 자신이 한때 아름다운 이곳에서 살았노라고 이야기해도 그 누가 알리오. 분명 건강한 육체는 돈을 주고도 사지 못하며 남의 삶을 자신이 대신 살아 줄 수도 없는 일이다.

의사는 병을 고치고 약을 처방해 주지만, 웃음까지 처방해 주지는 못한다. 봄은 어김없이 우리 곁에 오고 있다. 겨울에 움츠렸던 육체를 이제는 체크해보면서 건강한 삶을 위해 자신이 투자해볼 시간이 필요하다.

— 경남일보 경일춘추(2014. 2. 5)

원예예술촌의 꽃들

태양이 뜨겁게 느껴질 때는 시원한 파도 소리가 그립다.

푸른 물감을 뿌려 놓은 듯 옥빛 남해 바닷가로 가다보니 삼동면에 위치한 원예예술촌이 나온다. 원예예술촌은 전문가 중심으로 20명의 원예인이 이룬 마을이란다. 로마시대 정원을 관리하던 한 정원사가 자신이 만들 정원의 나무에 다듬는다는 뜻의 라틴어 이니셜 토피아topia를 새겨 넣어 유래한 곰돌이 토피어리, 정원에 문을 두드리면 걸리버 여행기에 나오는 소인국 사람들이나 꼬마 요정이 마중 나올 것 같은 작은 집도 있다.

그리고 풍차 정원은 바람이 세게 불면 불수록 더 힘차게 도는 멋쟁이 풍차로서 역경을 이겨가며 사는 지혜를 말해 주는 모습이기도 하다. 한 삽, 한 삽 정성을 들여 정원을 가꾼 시간이 이제 삼 년이란다. 철 따라 꽃을 피우고, 그늘을 만들어주는 이국적 풍경이 거제 외도를 보는 듯 닮아 착각 속에 빠진다.

위풍당당 큰 수령의 메타세쿼이아 숲 아래 아스틸배(노루오줌)라 불리는 꽃은 고사리과의 꽃으로 습기와 물을 좋아하는 습성을 가져 촉촉이 젖어 있다. 올망졸망한 꽃과 벌개미취(국화과)는 제주도와 경기 이남의 산간계곡에 자라는 한국 특산 식물이다. 그리고 체리세이지는 허브종의 하나로 작고 빨간 꽃이 드레스를 입듯이 앙증스럽다. 모퉁이마다 줄줄이 늘어선 빨갛고 노란 한련화, 방패 같은 입과 투구 같은 꽃이 핀다 하여 한련화다. 허브 식물이라 항생, 방향제로 많이 활용된다.

색깔별 수국은 6~7월 장마철에 핀다 하여 수국의 이름을 가졌다. 다음은 회양목(사철나무)은 어떠한가. 꽃말이 '참고 잘 견뎌 냄' 이라고 되어 있다. 사시사철 기특하다. 인내하지 못하고 성질 급한 인간들에게 주는 메시지 같아 보여 눈길 한 번 더 주고 돌아서 나온다.

이글거리는 태양은 뜨거워도 이국적 특색을 지닌 스물한 채의 특색을 살린 집을 돌아 나오는데 나무 목판 하나 외로이 서서 망부석 같은 애절함을 전한다.

네가 내게 기대었는가. 내가 너를 안았는가. 두 몸인 듯, 하나 몸인 듯 서로 품은 그 모습이 사랑하는 아들의 형상을 닮아 기품 어린 그 사람 배우러 나무아래 앉아 보네. 한 소절 한 소절 다 찡해 눈물겹다. 인생 별거 있나 백 년도 못 살고 가고 어여쁜

꽃 아무리 고와도 잠깐 세월 속에 속절없이 지나니. 모든 부질없는 인간사 천년 살 것같이 해본들 무슨 소용 있겠는가. 건강할 때 좋은 곳으로 여행도 다니면서즐겁게 사는 것도 인생의 낙이고 기쁨이려니.

— 경남도민신문 오피니언(2012. 8. 20)

사무침을 부여잡고

천하의 영웅호걸로 꼬장꼬장 성질 날카로우신 그래서 더 한량기 넘치는 아버지. 얼마 전 먼 나라 별 되시고 광장 같은 하늘만 보고 계실 아버지.

당신의 흔적 서랍 속 고스란히 남아서 생생한 증거 되어 누워 손길 기다리고 있더군요. 손때 묻은 일기장과 구세기말처럼 늙은 금전출납부와 크고 작은 층층이 메모, 빼곡히 자리 잡은 깨알 같은 기록수첩, 젊은 날 기자생활로 메모광이셨던 그래서 더 철저했던 평생 기록의 소유자. 정말 당신은 연구대상이거나 인간문화재이거나 정삿갓 방랑자이거나 하는 수식어쯤은 옆구리에 차고 다녀도 될 것 같습니다.

종교는 무교요, 정신은 팔도 자유인이라서 더 거짓 없는 아버지. 칠순 때 부모님께 바치는 전시용 부채를 제가 선물해드렸지요.

부모님께 바치는 시

수줍은 나이 열여덟에
어머님은 낸봇둑에 시집오셔서
어느새 오십 평생
딸 셋, 아들 셋 육 남매 키우느라
앞만 보고 달려온 세월
뒤돌아보니 젊은 청춘 다 가버렸네
이제 나머지 인생
편한 마음으로 백년해로 하소서

— 막내 여식 올림

육필 부채가 책장 안 고스란히 주인을 잃고 고이 남아서 제가 가지고 왔지요. 평소 좋아하신 은단이며, 라디오, 통가죽 가방, 시계 등등 가방 가득 안고 돌아오는 길. 온기 묻은 그리움도 따라오다 말고 뒤돌아 흐느끼고 있었습니다.

지금 창밖에는 비가 추적입니다. 간간이 들리는 때 이른 천둥 소리 요란한데 지금 우산도 없이 어디에서 무얼 하시는지요? 영면하시길 빕니다. 미련 갖지 말고 지상보다 더 넓고 광활한 큰 도시로 가셔서 살아온 날들보다 더 은혜로이 꿈 펼치면서 행복하시길 빕니다. 애처로워하실 어머님의 애틋함도 이제 거두시길 바랍니다. 먼 후일 기약 없이 만날 때까지 편안하시길 기원하면서. 좋은 곳에 먼저 가신 친구분들과 재회의 술잔 나누면서 지내소서.

그리고 아버지 핸드폰을 두고 외출하셨더군요. 부재중이라 전화 연결되지 않으니 이제 그리워 사무치는 날에는 하는 수 없이 아버지 살뜰한 음성 대신 지면으로 서신 올려야 할 것 같습니다. 바람이 오늘따라 더 차갑게 느껴집니다. 사무침이 애가 타서 못 견딜 때 또 편지 띄울게요. 지는 낙엽 속 홀연히 혼자 먼 걸음 하신 사랑하는 아버지 그럼 안녕 안녕히.

— 경남도민신문 진주성 칼럼(2011. 4. 1)

오월과 석가탄신일

오월은 아카시아 향기가 매혹적이라 자주 산을 찾는다. 온통 푸름으로 싱그럽다 못해 풀꽃마저도 상큼해서, 자연 속 풍경은 잎새마저도 햇살에 눈이 부신다. 오월은 '석가탄신일, 어버이날, 어린이날, 스승의 날' 여러 행사가 많은 달이다.

형형색색 오색등을 달고, 오직 자식과 가족을 염원하는 초파일 산사의 모습. 그런데 젊은 사람들은 별 눈에 띄지 않고 엎드려 절하는 사람들 대부분은 할머님 모습들로 가득 차 법당이 복잡하다. 가슴마다 봉축 분홍 이름표를 달고 무언가를 빌고 또 비는 모습….

오월은 가정의 달이라 하여, 어버이날, 어린이날로 정해져 있지만. 우리가 가만히 생각하면, 어린이날 유원지 놀이공원에는 나들이 나온 인파들로 인해 술렁거리고 제각기 아이들의 손에는 값비싼 장난감과 분에 넘치는 치장으로 자식들 비위를 맞추는 요즘 세상이 아닌가? 옛날 우리 세대는 형식만 어린이날이지, 무슨 선물을 바라기라도 했었는가! 그렇게 보면 불과 세월이 얼마 흘러가지 않은 지금과의 모습은 엄청난 문화수준에 차이가 있다.

그렇다면 '어버이날' 은 어떠한가. 객지생활로 바쁘다는 명분으로 부모에게 전화 한 통화라도 하는 사람들은 그나마 양반이라 해야 될 것 같다. 안부 전화는커녕 그냥 슬그머니 지나가는 요즘 세상에, 어린이날이 먼저냐 어버이날이 먼저냐 놓고 따지는 우리네 세상은 모순 덩어리다. 부모가 계시지 않으면 어떻게 태어나서 어떻게 자식을 낳고 살아가고 있겠는가!

자주 전화는 못 해도 요즘 젊은이들이여 효도하자. 어른들을 공경해서 어버이날만이라도 경치 좋은 곳에 모시고 가서 맛있는 음식이라도 대접하고 당신들이 좋아하는 아들딸이 되어, 추억 있는 하루를 만들어 보자.

형편이 어려우면 가까운 곳으로, 김밥이라도 싸가서 자연 속에 묻혀 근심 걱정을 덜어 드리자. 얼마 전 어느 책에 이런 내용을 읽은 적이 있다. 요즘 사십 대는 부모에게 마지막으로 효도하는 세대라고 표현한 글귀를 보았다. 과연 그런 것일까. 지금 자라나는 우리 아이들도 분명 어른이 되고 또 어버이가 될 것이다.

우리가 부모님께 하는 만큼 아이들 뇌리에 그 모습들이 그려져 있지 않을까 생각한다. 이 아름다운 계절에, 부모님 모시고 여행이라도 떠나보자. 그리고 복잡한 삶에서 잠시 해방시켜 드리자. 석가탄신일 날, 가까운 산사라도 가서 부모님들이 자식을 위해 비는 그 모습의 절반이라도 본받고 싶다.

그리고 진정으로 기도하고 싶다. 자식을 위해 기도하는 헌신의 기도가 아니라 부모님을 위해 백팔 배를 올리는 자식들이 많기를. 그래서 좀더 어른들을 공경하는 사회가 되어 세계로 세계로 아름다운 한국을 만들어 가는 '참 좋은 사람들이 사는 세상이' 되었음 하는 마음을 가져본다.

— 월간 《참 좋은 사람》, 오월에 만난 시와 수필 중에서

21세기의 거리 미학

꽃창포 피어난 남강을 따라 촉석루 후문 서장대 방향으로 가다보면 옛 조상들의 손때가 묻은 골동품 가게가 즐비하게 들어서 있다.

그곳을 지나칠 때마다 고향의 향수 때문인지 한 점씩 구입한 게 십수 년, 그러고 보니 언제부터인가 골동품 수집이 취미가 되어 버렸다.

올해는 진주 인사동 골동품 거리가 문화의 거리로 지정된다고 하여, 시민들의 비상한 관심이 쏠리고 있다. 문화의 거리가 생기면 삭막하고 단조로운 도시에 무언가 자유분방한 예술문화의 분위기와 활기를 제공해 주며 볼거리도 생긴다.

다른 도시보다 진주는 진양호의 옥빛 호수 위로 물홍보관이 있고, 선조들의 생활풍습을 향유할 수 있는 국립진주박물관이 있으며 태정민속박물관과 이반성면 수목원에 산림박물관도 갖추고 있다. 진주는 자녀들 산 교육장소와 환경을 가지고 있는 도시이다.

현재 전국에 공식적으로 지정 · 관리되고 있는 문화의 거리는 모두 35개 도시의 47개 거리가 있으며, 이들 거리는 미술관, 박물관, 또는 오페라 하우스, 화랑, 연극 공연장 같은 문화장소로 구성되어 있다.

그러나, 갈수록 삶의 질이나 문화적인 생활에 대한 국민들의 욕구가 커지고 있는 상황이라 지방자치단체는 문화시설을 확충해 문화 수준 향상에 노력해야 할 것이다.

모스크바의 문화예술 거리엔 그림을 팔기도 하고, 화가 지망생들이 직접 초상화를 그려 주며, 무명 음악가들이 거리에 몰려나와 자유로이 즉석 연주로, 생기발랄한 대도시 거리를 만들어 가고 있다고 한다.

반대로 우리나라 문화 거리는 조건이 취약해서 그런지 구조적인 하드웨어 쪽보다 소프트웨어 격인 문화 이벤트에 치중하는 느낌을 많이 받고 있다.

도시 환경을 인위적으로 만들다 보면 자연적 활용공간이 줄어들어 청소년들이 즐기기에는 자칫 답답함을 호소할 수도 있을 것이다.

진주에는 경남문화예술회관이라는 한정된 공간에서 공연과 그림 전시회, 조각 전시회 등등 다양한 볼거리가 있지만, 문화의 거리라 지칭되는 차 없는 거리에 가보면 그렇지 못하다. 모든 차량을 통제시켜 거리에 가끔씩 자선 바자회도 열고 촛불 집회 장소로 이용되기도 하며 선거 때에는 선거유세 장소로 활용되기도 한다. 이런 단순한 모임에서 한 차원 더 수준 높은 행사와 누구나 참여할 수 있는 교육적 프로그램이 행해져야 보고 느끼고 감상하는 공간으로 자리잡을 것이다.

어른들이 미래의 청소년을 사랑하고 염려하는 마음을 가지고 그들의 만남의 장소에 숲을 만들고 꽃을 심어 주어야 한다.

전시적인 문화의 거리가 아닌 지역특색 물씬 나는 아름다운 거리를 만들기 위해 지방자치단체와 시의회가 앞장서 차별성 있는 아름다운 문화의 도시를 만들어 21세기에는 더 많은 관광객들이 찾는 진주로 거듭 태어났으면 좋겠다.

— 경남일보 경일춘추(2004. 6. 15)

요즘의 어설픈 유랑극단

화려한 조명 아래 대중의 인기를 받는 스타가 있는가 하면 철 따라 허름한 지방을 전전하는 무명 연예인들도 있다.

대중 매체의 보급이 미진했던 지난 시대에는 유랑극단이 대중문화를 이끌었던 시절이 있었다. 1910년대부터 일본 신파극이 전국을 순회하며 공연을 했고 이에 영향을 받아 코미디, 노래, 무용, 곡예, 마술 등 잡다한 구색을 갖춘 가설극장이 1930년대 후반에 들어와 전국을 휩쓸고 다녔다.

고달픈 삶의 애환과 소박한 낭만이 어울려 사람들을 울리고 웃기는 그 시절을 떠올리면 격세지감을 느낀다. 이런 과거와 달리, 요즘은 시대가 많이 달라져 야박하게도 금전에 급급하는 악극단 형식의 공연단이 농촌에 파고들어 그렇지 않아도 야박해

가는 농촌 풍정을 더 야박하게 하는 것 같아 씁쓸한 느낌을 어쩌지 못하고 있다.

얼마 전 고향에 가니 약 10명 정도의 인원으로 구성된 유랑극단이 가설극장 형태로 농한기에 맞추어 들어와 있었다. 이들은 저녁마다 공연을 벌이면서 품바타령에서 창으로 이어지는 국악 분위기를 띄우다가 어느새 요란한 복장의 신파극을 등장시키는가 하면 이번에는 노래마당을 연출하여 농촌 사람들을 불러모으고 있었다.

관람객들이라야 대부분이 농촌 노인들인데 이들은 공연을 벌이면서 장삿속을 보이는 것이 거슬리는 것이었다. 그러나 노인들은 이런 공연문화에도 굶주려서인지 철없이 보일 정도로 열광하고 있었다. 이런 형태가 아니면 이제 발붙일 곳이 없는 유랑극단의 한 변형이라면 이것도 이 시대의 산물로 인정해야 할 것인지도 모른다.

이들은 온갖 사술을 동원하여 노인들의 정신을 혼미하게 한 뒤 공연 막간마다 화장지, 비누, 치약 등 온갖 상품을 내걸어 신명을 돋우는 것이었다. 웃지 못할 사실은 이렇게 진행되어 한달가량 구경을 갔다온 분들 대부분은 상상도 하지 못할 정도의 많은 상품을 받아 흐뭇해 하는 것이었다.

하루에 한번씩 즉석 노래 자랑을 해 뽑힌 분들은 최고 스타처럼 어디 사는 누구인지 주소를 파악해 칭찬의 꼬리표와 함께 더 큰 선물 공세로 분위기를 고조시켜 주는가 하면, 주위 체면상 물건들을 구입하게끔 상술을 펼친다 하였다.

고향의 부모님께서도 어쩔 수 없이 백만 원 단위의 옥매트를 사서 마치 장수 이불인 양 깔아놓고 계셨다. 자식된 도리로 하나 사드리지 못한 입장에서 "왜! 샀어요." 하고 이야기할 수 없어 그냥 "잘 샀습니다" 하고 웃었다. 가격도 시중보다 비쌌지만 얼마나 선물에 세뇌가 되었는지 결코 비싼 게 아니라고 이해시키며 오히려 그들 편에서 설명하셨다. 갈 때마다 주는 선물이 다 매트 값에 포함이 된 줄도 모르시고…. 순수한 농촌 인정을 이용해 도시와 농촌에 파고드는 잡상인 같은 장사꾼들은 앞으로 사라져야 할 것 같다.

전체 국민수준이 소득수준 2만 불 이상인 국가에서 평온과 안정을 들고 나와 여유로운 럭셔리 라이프 스타일, 삶의 질을 강조하는 웰빙시대라 술렁이고 있는데 아직도 퇴보적인 이익에 처져 있다면 후진국과 뭐가 다르랴.

웃고 우는 전국의 할머니 할아버지의 정신적 부담은 누가 보상할 것인가? 국민 건강에도 별 도움이 되지 않을 건강 보조 식품의 홍수 속에서 언제까지 건강식품에 연연할 것인가?

그래도 옛날에는 많은 사람들의 꿈과 눈물이 어려 있는 가설극장 공간이라도 있었지만, 현대에는 금전에 눈먼 이들로 하여 그런 추억 흉내만 내어가는 사회가 어쩐지 쓸쓸해지기만 한다.

— 경남일보 경일춘추(2004. 6. 1)

준비된 자만이 성공한다

소방국어 수업시간 취업을 바로 눈앞에 두고 있는 학생들에게 리포트 과제로 이력서와 자기소개서를 작성해서 제출하라고 공지하면서 쓰는 방식과 미리 견본을 작성하여 보여주며 수업이 시작된다. 학생들은 막상 이력서와 자기소개서를 작성하려 하니 난감하여 눈앞이 아득한지 그저 멍한 표정이다. 5분도 되지 않아 학생들 질문이 여기저기 쏟아지기 시작한다.

구인의 기준은 1차가 이력서, 2차가 면접이 대부분이다. 신입사원을 모집할 때 꼭 요구되는 서류인 만큼 남의 것을 베낀 이력서라든가 성의 없는 이력서, 너무 장난 식으로 산만한 이력서 등은 서류 심사에서 탈락의 이유가 되므로 주의 사항까지 설명이 들어가고 한 시간의 여유를 주면서 강의실 한 바퀴를 돌아보니 내용도 가지가지다.

개성 있고 자신을 잘 표현한 이력서는 인사 채용에 좋은 점수를 받아 취직이 되고 이력서와 자기소개서 서류만으로도 그 사람 됨됨이와 인격이 나타나므로 신중을 기할 필요가 있다. 그래서 취직을 앞둔 이들에게 어떤 방식으로 작성하면 되는지 또 그 요령은 무엇인지 배워보기로 하자. 이력서는 거짓 없이 상세하게 연도별 서술한다. 최대한 운전면허증부터 자격증을 소지하고 있다면 빠짐없이 적어서 자기를 표현한다. 군에 갔다 온 남자들은 공군인지 육군인지까지 자세히 밝혀 적는 것이 바람직하다.

다음은 자기소개서이다. 자기소개서에는 성장 배경, 성격의 장단점, 타 직장이나 직종에서의 경험, 입사지원동기, 입사 후 포부, 맺는말 이런 정도의 순서로 자기소개서를 작성하면 된다. 보통 구분별 작성을 요하는 곳도 있으므로 그런 것도 평소 감안해서 생각을 해둘 필요가 있다. 그러므로 그 쪽 원하는 양식에 따라 글을 잘 이어 조리 있고 명료하게 적는다.

성장배경은 어디에서 태어나서 살고 있는지 가족사항이나 어떠어떠한 환경 속에서 교육을 받으며 자랐는지 진실 되고 자연스럽게 표현한다. 성격 장단점은 자신의 솔직 담백함을 표현해 적는 것이 좋다. 입사지원 동기에서는 자신의 목표나 꿈을 연결지어 적는 것이 좋으며 입사 후 포부는 자신의 어떤 자세로 업무에 임하겠다는 자세를 적는다.

자기소개서와 이력서는 개인 컴퓨터에 저장해놓고 USB에 담아서 항상 휴대하여 가지고 다니면서 언제 어디서나 필요할 때 바로 제출할 수 있도록 하는 지혜가 필요하다. 준비된 자만이 성공할 수 있다는 걸 항상 명심해 두자.

— 경남도민신문 진주성 칼럼(2012. 6. 11)

미소 가득한 '거리의 천사'

패랭이꽃 만발한 작년 여름 어느 날, 시내에 나갈 일이 있어 콜 택시를 불렀다. 택시를 타면서 내가 먼저 "어서 오세요"하며 인사를 하니 마흔이 넘은 기사가 어리둥절해 하며 이상하다는 듯이 나를 빤히 쳐다보았다.

그제서야 아차! 내가 실수했구나 싶어 "죄송합니다. 제가 가게를 하다보니 습관이 돼서요" 하니 택시기사가 오히려 미안해 어쩔 줄 몰라했다.

그 기사는 십 년 넘게 운전을 해 왔지만 어느 누구에게도 "어서 오세요, 안녕히 가십시오"라는 인사를 한번도 해 본 적이 없다는 거였다.

항상 마음뿐, 먹고살기 바빠 자기 자신을 뒤돌아볼 시간조차도 가지지 못하고 살아왔다고 했다. 내성적인 성격 탓에 어쩔 수 없었노라고 넋두리를 늘어놓는 사이, 목적지에 도착하여 내리니까 "참 소중한 만남이었습니다"라고 하던 말이 1년이 지난 지금까지 가슴에 남아 있다.

가게를 들어섰을 때 주인이 상냥하고 반갑게 맞아주면 안 살 물건도 하나 더 사오고 싶은 것이 인간의 마음이다. 사람은 기분이 좋을 때마다 미소를 짓게 된다. 즉 감정 상태가 얼굴의 표정으로 나타나는 것인데 이와 반대로 얼굴 표정에 따라 사람의 감정이 바뀐다는 연구도 있다. 미국의 한 병원에서는 암환자들에게 매일 거울을 보면서 웃도록 시키고 즐거워하도록 프로그램을 만들어 웃음 넘치는 병원을 만들었더니 치료에 상당한 효험까지 보았다고 한다.

싸우던 친구끼리도 사진을 찍을 때 '김치' 하며 미소를 띠며 사진을 찍고 나면 어색한 관계도 다소 누그러지는 이치와 같은 것이다. 이것은 사람의 뇌는 두 가지 감정을 동시에 가질 수 없기 때문이라고 한다.

진주에는 일반택시와 개인택시 합하면 약 2,000대쯤 된다고 하는데, 매일 운행하는 택시는 1,000대쯤 된다고 한다. 친절하고 미소 띤 기사를 만나면 마음이 넉넉해지면서 푸근하고 편안해진다. 하여 택시기사를 '거리의 천사' 라고도 하지 않는가?

그렇지 않고 인상파처럼 말 한마디 꺼내지 않는 기사를 볼 때마다, 어쩐지 불안하여 그냥 빨리 내리고 싶다는 생각이 들 때가 많다.

며칠 전 볼일이 있어 택시를 타니 이십 대 후반의 젊은 기사였는데 공손히 "즐거운 하루 되십시오"라는 인사를 하는 거였다. 그래서 "감사합니다. 기사님도 좋은 하루 여십시오"라고 주고 받는 몇 마디 인사에 온종일 마음이 평화롭게 되고 온유해져 좋은 일만 생길 것 같았다.

옛 말에 '말 한마디로 천냥 빚을 갚는다'는 속담도 있듯이, 요즘처럼 경제가 어려운 시기일수록 친절을 베풀며 매일매일 주어진 자기 삶에 감사하는 마음으로 살아갈 지혜가 필요하다.

— 경남일보 경일춘추(2004. 6. 22)

진주 혁신도시 충무공동을 아십니까?

경남 진주 혁신도시 지구 내 충무공동이 신설되어 2013년 12월 18일자로 진주시 문산읍 소문리, 금산면 갈전리 · 속사리, 호탄동의 진주혁신도시 사업지구를 충무공동으로 법정동과 행정동 모두 신설하였다.

충무공동은 임진왜란 진주성 전투를 승리로 이끈 김시민 목사의 시호인 충무공에서 따 붙인 명칭으로 진주 혁신도시의 랜드마크인 김시민 대교와 함께 불리고 있다. 그런데 진주시민 대부분이 충무공동을 아십니까. 물어보면 충무에 있는 이름 입니까? 하면서 의아해 한다. 필자도 진주시 하대동에서 살고 있지만 충무공동이 있는 것을 얼마 전 시의원 이상영 의원과의 칼럼 대담에서 알게 되었다. 현재 시민들 80%는 잘 알지 못하는 상태이다. 아직 홍보도 덜 된 결과이기도 하다. LH공사가 신축한

2,300여 세대의 아파트 중에서 분양이 끝난 742가구 분으로 입주자 대부분이 공기업 직원들과 그 가족들이다. 아직은 주변 편의 시설이 정비되지 않아 불편한 점도 많다. 특히 택배가 잘 이루어지지 못해 곤란을 겪고 있는 실정이다. 아직 충무공동을 알지 못해 택배 직원들도 헷갈려 우왕좌왕한다는 불평들이다.

김시민 대교는 지역 뉴스를 통해 잘 알려져 있지만 다리를 통과해서 이루어진 혁신도시 지구의 이름은 아직도 모르는 시민들이 더 많다. 충무공동을 알리는데 좀 더 지자체에서 관심을 가져야겠다. 보통 충무공이라 하면 이순신이라 생각하는 이들이 많다. 그렇지만 김시민 역시도 충무공의 시호를 가졌다.

선조 37년(1604) 조정에서는 전란 중에 공을 세운 사람에 대해 세 가지로 구분해 훈록을 베풀었다. 임진왜란과 관련된 공훈으로 호성공신과 선무공신 외에 청란공신도 있다. 호성공신은 왜적을 물리쳐 전공을 세우거나 군량을 조달하여 공을 세운 사람에게 준 훈록이며, 청란공신은 이몽학의 난을 평정한데 대해 준 훈록이다.

숙종 37년(1711) 김시민에게 충무공 시호를 내렸다. 조정에서 김시민은 선무공 신록에 책록하면서 내린 교서는 이렇게 적고 있다.

선무공신 교서

살아서는 명장이오
죽어서는 충신이 되었으니
경으로서는 무엇에 유감이 있겠는가.

진주성 전투는 김시민 목사를 필두로 민 · 관 · 군이 한마음으로 왜적의 총공세를 막아낸 위대한 대첩이었다. 김시민 장군의 철두철미한 유비무환의 전투자세가 이루어낸 성과처럼 김시민 대교에서 충무공동까지 의미 있고 거룩한 이름이 앞으로 시민들의 화합으로 더욱 발전되어 탄소 제로 도시 구현 및 신재생에너지 기반 구축으로 그린 스마트시티로 거듭 태어나기를 바란다. 김시민 장군의 시호답게 충무공동이 시대의 역사에 보답하는 의미 있는 도시가 될 것이다.

제3부

내 가슴에 묻혀 있는 수 필 을 불러놓고

M T

봄비가 촉촉이 내리는 동백꽃 길 따라 창신대 소방학과 MT를 거제 유스호스텔로 다녀왔다.

거제로 향하는 길목마다 겨우내 꽃을 절정으로 피운 동백꽃들이 차창 밖으로 도도히 반기고 서 있다. 검붉은 핏빛 꽃망울들의 선명함이 동백아가씨를 보는 듯 수줍고 아리땁게 느껴져 시선을 당긴다. 야간 학생들은 함께하지 못해 서운하다. 주간 학생들은 백여 명 동행을 하므로 통솔하기에는 결코 적은 인원이 아니다.

학생들의 표정은 사뭇 상기되어 들뜬 표정이다. 다행히 출발하는 하루 전에는 날씨가 좋았다. 해맑은 표정에서 함께 간 필자 역시도 젊음의 열광 속에 편입되어 마치 지도교수가 아닌 학생처럼 마냥 즐겁다. 서로를 이해하고 서로에게 베풀고 서로 힘을 실어 주는 것, 이것이 단합의 힘인 것이다. 신뢰와 믿음과 화합은 인생에서 꼭 필요하다.

절기상으로 엠티는 주로 새 학기에 열리며 장소는 대학교가 위치한 곳에서 조금 가까운 산이나, 바다, 계곡 등을 이용하는 예가 많다. 학생회장과 과대, 총무 임원진들이 프로그램을 여러 가지 짜와 체육대회 준비에 분주하게 움직인다. 신입생들을 조별로 나누고 여러 가지 과제를 부과하면서 최선을 다하고 있는 모습을 보면서 흐뭇하게 감독을 하고 있다.

소방학과에는 여대생들이 몇 명 되지 않아 딸같이 어여쁘고 사랑스럽다. 풋풋한 새내기 학생 중에는 군 입대를 앞둔 대학생들도 상당 포함되어 한 학기를 마치고 군대를 가는 친구들이 제법 있다.

체육대회가 끝나고 저녁 시간은 장기자랑 및 1, 2학년 인사자리가 이어진다. 2학년은 선배답게 의젓해서 좋고 1학년들은 후배라 잘 따라 줘서 위기 질서가 분명해서 좋아 보인다. 아쉽게 마이크 상태와 음향이 고장이라 장기자랑도 한풀 맥 빠져 있다. 젊음을 발산하기에 부대시설이 없어 너무 아쉬운 시간이다. 사전 답사시 미처 체크하지 못한 게 문제다. 그래서인지 바비큐파티로 만족을 하고 조용히 행사를 마무리할 수밖에 없었다.

1박을 하고 나니 봄비가 장맛비처럼 내리기 시작한다. 바람은 꽃잎을 피우기 위해 거칠게 불어오고 하얀 목련이 만개한 사이로 가지를 흔들고 있다. 펜션 옆 산죽들은 스러지듯 바람몰이에 자신을 내어주고 있다. 우산도 없이 봄비를 맞으며 학생들은 버스에 갈길를 재촉한다.

1박 2일의 여정 동안 친목도모에 협조해준 창신대 소방방재학과의 학생들은 빗속 차창 가를 바라보며 짧은 여정을 아쉬워할 것이다. 윤충국 학과장님과 박정호 교수님 지도 아래 무사히 귀가함을 감사드리며 마산 창신대 소방방재학과의 무궁한 발전을 위하여 파이팅을 외치며 빗속 여정을 접는다.

— 경남도민신문 진주성 칼럼(2012. 4. 11)

소 멸

모처럼 남매를 거느리고 고수부지에 운동을 한다고 나갔다. 뛰는 사람 걷는 사람 제각기 자기 걸음에 충실하고 있었다. 어둠을 휘젓는 인파 속에 아이들만 들여보내고 나는 그만 처연한 강물을 내려다보기에 열중하였다. 어둠에 어울리지 못한 채 가로등을 전세 내어 둔치에 앉아 턱을 괴었다. 무엇이 나를 이토록 생각에 잠기게 하는지.

낮부터 펼쳐진 논개제 행사가 밤이 깊을수록 절정으로 다가가 촉석루 성벽에 출렁이며 시선을 끌고 있었다. 별빛이 드문 하늘은 논개 사당 앞에 세워진 펄럭거리는 깃발들과 어우러졌다. 쏘아 올린 축포들은 강변의 작은 도시 상공에 현란한 향연을 떨치고 있었다. 포 사격에 이어 병사들이 남강을 돌진한 듯 커다란 아! 하는 탄성은 순간순간 갑작스레 터져댔다.

사방이 잠잠해지자 섭리와 질서가 뇌리에 비집고 우쭐거린다. 태양의 신은 창조를 빚었고, 비의 신은 우리에게 없으면 안 될 생명의 신비를 보내어 왔으며, 달의 신은 풍요와 생산을 안겨 주었다. 사람의 정신은 영원한 불멸에서 육체는 백 년도 못 살고 소멸해 가듯 요란한 축포도 현란한 빛을 가지고 사라져 버렸다. 이 쩌렁쩌렁한 소리는 어디서 와서 어디로 돌아간단 말인가? 니체는 나의 생각이 존재의 근거라 했다지만, 무엇을 위해 풀리지 않는 끄나풀을 잡고 오늘도 전전긍긍하며 미련을 버리지 못하는지 자신에게 묻는다. 그렇지만 대답은 강물에 잃어버렸는지 묵언이다.

중국 사람은 쉴 휴 자를 사람 인 자에 나무 목을 붙여 만들었으니, 나무 곁이 사람 쉬는 곳이다. 만약 우리에게 그늘을 드리우는 나무와 휴식이 없다면 어떻게 살까? 그래서 모든 사람이 여러 가지로 재충전을 하면서 살아가는 것 같다. 며칠 전 건강이 좋지 않아 병원 진료를 받았다. 푹 쉬라는 의사 선생님 말씀에 억지 춘향으로 하루를 병실에 드러누워 쉬고 나니 회복이 되었다. 연락 두절된 무인도에 가서 한 일주일을 쉬고 온 것같이 홀가분하다.

인간은 의식이 있으므로 곧 생각과 판단을 하지만, 동식물은 무의식 속에 본능으로 산다. 더러 우울하고 복잡하면 동식물이 되어 만사를 잊어버리도록 해보자. 명상도 자기와의 대화, 육체를 초월해서 자신을 다스리며 노여움과 미움의 방을 하나 덜어

내어 소멸하는 것이라 여긴다. 영혼이 멸하지 않는다지만 인간은 자연에서 태어나서 자연으로 살다 영구히 원소로 분해되어 되돌아간다. 이 우주에 가득 찬 수백 수천만 뭇별도 생로병사의 업장을 지고 명멸한다. 이 작은 위성 지구 한 물가에 아름답지만 너무나 작은 우리가 어찌 소멸을 피할 것인가.

포성 같은 축포 소리와 뒤를 이어 용맹한 병사들 함성 같던 탄성이 어느새 적막하다.

— 경남일보(2004. 6. 20)

중용中庸

중용이라 하면 먼저 다소 의아해서 무슨 뜻일까? 궁금해 하는 이들이 있을 것이다. 우리가 어렸을 때 에티켓, 매너란 책을 포켓용으로 지니고 다니면서 한번쯤 읽고 지나왔을 것이다.

중용은 이와 비슷한 동양의 처세술을 기술한 책으로 인생에 있어 매우 소중한 내용이 담긴 지침서이다. 사마천의 《사기》에 보면 주자에 의해 《논어》, 《맹자》, 《대학》과 함께 4서로 편집되어 사대부의 필독서로 여겨 왔다.

중용에는 하늘과 사람을 다룬 천인론, 중용의 본질 규명을 다룬 중용론, 도에 대해 언급한 성인론으로 구성되어 있다.

요즘 말로 '센스'란 무엇인지 한눈에 훤히 읽을 수 있을 만큼 재미가 쏠쏠하지만 어려운 한문이 많아 뜻풀이를 하면서 읽기란 여간 까다로운 일이 아니다.

요즘처럼 골치 아픈 세상, 어려운 내용들은 피하겠지만 중용에서 보면 EQ가 높은 사람을 이렇게 이야기하고 있다. 한국 사람은 첫인상에 목숨을 걸기도 하지만 실제로는 실속적인 인간관계에서 더 많은 비중을 차지한다는 사실이다.

중용에서 중中은 가운데 중심이며, 변화 속의 중中이다. 즉 안정된 중심 잡기, 용庸은 변하지 않는 가치를 말한다. 그러므로 변함없는 가치를 보존할 수 있는 변화무쌍의 감각과 능력을 우리에게 전하고 있는 것이다.

솔로몬의 둥근 지혜로 바꾸어 생각해도 좋을 것 같다. 이열치열이라고 해서 열은 열로써 다스리듯이, 책 끈은 책으로 피로를 푼다고 한다.

배움의 즐거움은 대화의 꽃씨 안에 숨어 있다는 이야기가 생각난다. 살아가면서 더러 아이들의 엉뚱한 질문을 받고 당황할 때가 있다.

그때 아이의 질문을 무시하고 '넌 몰라도 돼!' 하면서 묵살 시키면 대화는 진행되지 않는다. 더 이상 즐거움의 꽃은 피지 않고, 결국 꽃이 피지 않으니 나무엔 열매가 맺지 않을 것이다. 최근 만나는 사람마다 이구동성으로 '사는 게 어렵다 어렵다' 하지만 인생에서 겪는 여러 현상들의 이치를 이해하고 깨우치는 능력을 키우는 책들을 많이 읽다보면 '책 속에 길이 있다' 는 사실을 알게 된다.

인터넷 세상에 가려진 요즘 아이들을 보면 안타깝다. 독서의 양이 줄어들기 때문이다. 그렇지만 한 걸음 앞선 선조들의 지혜를 터득하다 보면 무더운 여름을 시원하고 활기차게 보낼 수 있으리라 생각한다.

— 경남일보 경일춘추(2009. 8. 18)

공자孔子

요즘은 지식이 넘쳐나는 시대인지라 현대인이 공자 이야기를 꺼내면 고리타분하다고 할지 몰라도 정보에 대해서만큼은 편식을 할 필요가 있다.

아시아형 미래학자 마츠오카 세이고는 '스스로 정보를 편식하여 소화할 수 있는 능력이 필요하다' 고 했다. 공자가 생전 많이 언급한 단어는 아마도 군자일 것이다. 공자는 정치가, 상인, 문인, 무인 모두가 군자가 되기를 희망했던 군자 전도사였는지 모른다. 그래서인지 내겐 가끔씩 '공자왈 맹자왈' 할 때가 있다. 사회적 법률이나 상식적 기반이 만들어지기 전인 2,000여 년 전의 중국인의 금기사항에 대한 지혜는 공자에게서 배운 것인지 모른다.

공자론은 오늘날 지식인에게 교훈으로 오랜 시간 전해왔다.

공자는 유교라는 동양의 가치관을 창시한 위대한 인물이고, 지금까지 존경받는 성인으로 불리기에 공자가 조심했던 세 가지와 절대 하지 않았던 네 가지를 들어본다.

조심했던 세 가지는, 제사 때의 몸가짐, 전쟁과 질병, 자연은 만물보다 정직하지 못한 것이라 했거늘, 인간의 마음은 즉 열 길 물속은 알아도 한 길 사람 속은 모른다고 했다.

절대 하지 않았던 네 가지도 교훈이 된다. 억측하지 않았고, 기한 상황 못 박지 않았고, 쓸데없는 고집으로 일을 늦추지 않았으며 사리사욕을 도모하지 않았다고 한다. 한 달 일을 하루만에 다한다고 부귀가 오는 것도 아니요, 정해놓고 한다고 해서 태산 같은 일을 끝낼 수 있는 것도 아니며, 안 될 일이 아집으로 척척 될 일도 없거니와 욕심을 부리며 혼자 잘산다고 해서 독불장군이 될 뿐이다.

도덕경 장자에는 죽음에 관한 것이 나온다. 그저 기가 흩어지고 형체가 사그라드는 일일 뿐, 사라지지 않고 다시 우주로 돌아가는 것이라 했다. 앞에서 언급한 공자의 말은 동양 사람들이 흠모하는 이상적 인품, 청백리 인격 그 자체다.

인간이란 본시 욕망 덩어리라 하여 불교와, 도교, 유교의 가치를 분석 비교해 보면 다음과 같다. 불교에서의 욕망은 '인간의 욕심을 없애야 한다' 고 말하고 있으며, 유교는 '절제' 를 강조하고 있다. 불교에는 증오와 사랑에 대해 '증오와 사랑을 동시에 보내야 한다' 고 하고 있으며, 도교는 '증오는 없고 사랑만 있다'고 말한다. 도는 '만물의 어머니'라 했으며, 유교에서는 '먼저 남을 사랑하라'고 말한다. 판단은 독자의 몫인 것 같다.

— 경남일보 경일춘추(2009. 8. 11)

시경時經

원래 이름은 시時였고 전국시대에 이르러 경經 자가 붙어 시경이 되었다. 시경이 반영하고 있는 다양한 삶과 죽음의 모습은 단순한 허구나 상상이 아니다. 고고학적 발굴 현장들은 시경이 전하려 했던 당시의 분위기를 오히려 더 흥미롭게 전하고 있다.

옛 여인들은 스트레스를 어떻게 풀고 살았을까? 《시경》은 주나라 초기부터 전국시대까지 민간과 왕실에서 유행하던 노래를 모은 책이다. 풍, 아, 송이라는 세 가지 하위 장르로 구분된다. 풍이란 인간의 가요이며 열다섯 나라의 길거리 음악으로 가장 대중성이 높은 장르였다. 아는 세미클래식 정도였으며, 송은 신화나 전설, 전형적인 궁중음악이다.

3,000년 전 중국 여인들의 한이 서린 사랑 노래에서 오늘날까

지 이어온 가락이다. 고부간의 갈등이며 농사일의 고달픔, 배고픔의 서러움들이 축축한 눈물로 버무려진 글들로 가득하다. 그 중 풍의 사랑노래를 읽다보면 이런 가사가 있다.

풀 따기

우리 집 뒷산에는 풀이 푸르고
숲 사이의 시냇물 모랫바닥은
파아란 풀 그림자 따서 흘러요
그리운 우리 임은 어디 계신고
날마다 피어나는 우리 임 생각
날마다 뒷산에 홀로 앉아서
날마다 풀을 따서 물에 던져요

그들의 가락은 아무리 노래를 불러도 쉽사리 마르지 않고 젖어 있음을 느낀다. 여인들의 사무친 한이란 결코 어제오늘 일만은 아님을 증명하는 것 같다.

뻐꾸기는 입술이 없어 뻐꾹뻐꾹 울 수가 없어 커국커국 운다고 한다. 나무 사이로 잎새에 부딪치면서 운다고 한다. 뻐꾸기 소리마저도 여인들은 정녕 뻐꾹뻐꾹 우는 것으로 착각한다. 그래서 옛 여인들의 서린 한을 사마천 사기에 엄선하여 기록해서 전해지는 것일까. 내적 앙금을 녹여내고 새로운 힘을 길어올리기 위해 조용히 부르곤 했던 한 시대의 노래였다. 수천 년이라는 시간의 차이, 서로 다른 공간, 문화의 차이가 분명하지만 이렇듯 똑같은 정서를 만날 수 있음은 슬픔일까? 이별일까? 사랑의 눈물일까? 그건 아마도 순수를 담은 가슴속의 눈물이리라.

《시경》 속의 시들도 그랬다. 세월이 많이 흘렀음에도 여전한 것은 가사가 쉬웠기 때문인 것 같다. 요즘 시들은 너무나 낯설고 어렵다. 독자들은 도무지 무엇을 이야기하고자 하는지 도통 알 수가 없다고 불만을 털어놓는다. 시인들의 미묘한 감성을 굳이 제 입맛에 맞게 표현하자니 그럴 수밖에 없었다고 강변하기도 하지만 저마다의 개성들 때문에 필자 역시 쉬운 문제는 아닌 것 같다.

《시경》에서 보듯, 보다 쉬운 시어들을 선택하여 독자들 가까이에서 신선하게 사랑받는 세상이 되었음 좋겠다.

— 경남일보(2009. 10. 8)

전어축제

일주일 휴가가 시작되던 저녁 삼천포항 팔포 매립지 전어축제에 갔었다. 남녘 땅에서 경치가 빼어나고 삼면이 낮은 산으로 둘러싸여 각종 기암괴석과 수림이 빼어난 곳으로 청정해역으로 유명한 곳으로 마음이 답답한 이들에게 휴양지로 안성맞춤인 곳이다.

주위 몇 분 지인 가족들과 자동차로 향하는 사이에 어둠이 내리기 시작하여 사천 8경인 창선 삼천포 대교, 실안낙조, 남일대 코끼리바위, 선진리성 벚꽃, 와룡산 철쭉, 봉명산 다솔사, 사천읍성 명월, 비토섬 갯벌 중 낙조와 비토섬을 잇는 갯벌만을 볼 수 있었다.

일행 중 한 선생님은 어둠을 가로질러 달리다 말고, 희미함 속에 보이는 갯벌 앞에 차를 세워 좋은 글 한 편 쓰시라며 두 가족이 차에서 내리기를 권한다. 비릿한 바다 썰물이 지난 자리에 후끈하게 불어오는 해풍 냄새. 노래미, 볼락, 털게들이 놀던 놀이터가 눈에 선하다.

서부경남 연안어업 중심지인 이곳은 멸치, 갈치, 전어, 고등어 등이 많이 잡히는 이유로 적당한 유속과 플랑크톤이 풍부하여 활어회와 생선이 다른 지역보다 저렴하고 육질이 좋아 회 마니아들에게 인기가 좋은 곳이기도 하다.

한 30분쯤 달리다 도착한 곳이 전어회로 유명한 모 식당 앞이었다. 조금 철 이른 전어회를 시켜놓고 한여름 휴가가 시작되는 듯 왁자지껄 웃음꽃이 번진다. 비록 전야제 축포 발사는 구경 못했지만 오감은 감미로운 순간이다.

얼마 후 세계 타악기가 어우러진 곳으로 자리를 이동해 보니, 동양과 서양을 하나로 묶는 신명난 소리가 사라진 자리에 포장마차로 즐비하다. 삶의 애환이 담긴 각설이 엿장수가 한바탕 질펀한 신명으로 여운을 달래고 있었다. 피에로 분장에다 허스키 목소리가 늑도 앞바다까지 울려 퍼지듯 수면 위에 떠서 흥이 취기로 오른다.

일행들은 성게와 볼락구이, 갈치구이 여러 음식을 주문해 놓고 바다가 출렁이는 간이의자에 앉자 밤바다를 만끽하며 갈증난 가슴에다 밤을 털어 붓는다. 낮이면 좋았을 것을 저 멀리 바라보이는 코섬이며 씨앗섬, 아두섬, 비토암, 저도 앞 죽방렴과 늑도도 먼발치에서 바라볼 수 있었을 텐데 천지를 가리는 어둠이 못내 아쉬움으로 남는다. 출렁이는 인파에 소외된 듯 바다 위 걸린 달무리 핀 반달을 바라보니 세상 경관 탓인지 시 한 수가 몸부림친다.

불현듯 이글거리는 뙤약볕 남일대 해수욕장이 그립다. 신라 말 대학자인 고운 최치원 선생이 이곳을 지나다 경치에 반해 남일대라 이름 지은 곳이기도 하다. 태양이 올라오면 제일 먼저 백사장을 거닐고 싶어 밤을 지새우자고 하니, 모두들 좋다고 한다. 기분이 분위기에 젖어 새벽으로 가고 있다. 이런 여유를 사람들은 한번쯤 가히 낭만의 극치라고 하는가 보다.

잠시 숨을 돌린 사이 일몰이 달아오른다. 한 일행이 진주로 향할 것을 재촉하여 백사장 꿈을 접고 아쉽게 돌아와야 했다. 오감이 행복했던 축제에서 벗어나니 짧지 않는 재충전이 요구되는 시간이다. 그래도 인생의 활력이 있기에 재충전은 행복의 무게를 저울질해주는 눈금이며 삶의 향기가 아닐까 뒤돌아보며 정리해 본다.

— 경남일보(2004. 8. 23)

경주 남산

아아, 눈앞에 또 한 번 황홀함.

이번에는 선각 육존불이다. 10미터 가량 바위 면에 얼굴 부분에 돌을 새겨 조각 수법이 독특하여 곡선이 예사롭지 않다. 정교하게 물 빠짐을 해놓아 세월의 풍파에도 오래 견딜 수 있게 지혜의 수로를 파놓은 것을 보며 선조들의 지혜를 감탄한다. 산 넘어 광활한 시야를 바라보며 생각에 잠기어 본다.

정상에 가려면 얼마나 남았을까. 조금만 가면 된다는 말에 두 시간도 더 걸었는데 또 조금 남았다 하니 환장할 노릇이다. 용기를 가지고 다시 오른다.

얼마나 걸었을까. 이제는 제법 말문이 열리고 입가에 여유의 미소도 번진다. 욕심을 버리고 얻은 보상인가 했더니 석불좌상 하나 또 보인다. 능선 왼쪽 중턱에 위치한 화강암으로 조각부처, 아마도 통일신라시대 작품으로 짐작해본다. 두 귀가 짧고 머리에 작은 소라 모양의 머리카락(나발)을 붙였고 정수리는 상투(육계)를 가진 부처님, 쉴 사이 없이 나타나는 돌부처들에게 매료되어 이제는 힘든 걸 잊어버렸다.

어디선가 가까이 산사의 풍경 소리와 은은하게 들려오는 염불소리가 내게는 오늘따라 처량하게 감겨온다. 드디어 상선암이 바라보인다.

바위능선에 위치하여 스릴 넘치는 암자, 금오산 정산까지는 1km 지점이라 팻말이 보인다. 암자에 들어가 욕심 없는 절을 올린다. 향불 냄새가 예사롭지 않아 절집이 주는 숙연함은 삼배를 올리게 만들고 소원을 비는 위력까지 발휘한다.

정상은 멀리 않았다. 높이 7미터로 냉골(삼릉계)에서는 제일 큰 불상 하나 남산의 북봉인, 금오봉을 향해 작은 봉우리를 형성한 바둑 바위에 위치해 있어 또다시 놀라움을 금치 못한다. 암반을 파내어 거칠게 절벽을 가로질러 만든 흔적들, 그 아래 유리 상자에 즐비한 염원의 촛불, 그래서인지 따뜻한 기운이 감돈다. 남산에는 마애불 빼고는 거의 머리가 없는 상태이고 인위적으로 파괴되어 유실된 것인지는 아직도 미스터리다. 그와 반대로 잃어버린 불두를 우연히 발견하여 찾은 열암골 석불은 유명세를 타기도 했다고 한다.

인간들은 왜 이토록 정상을 좋아하는 것일까. 정복의 욕구는 왜 한결같은지 거창해 보여도 막상 정복해보면 별것 아니고 허무와 욕심인 것을. 정상에 서니 멀리 형산강물이 햇볕에 부서지며 황량한 내남평야도 시원하게 펼쳐 보여 눈에 감친다. 힘들만하면 돌부처가 여기저기 나타나 혼을 반쯤 빼고 정신없이 올라온 길. 3시간 30분간의 산행, 노천 박물관의 일부 모습에서 많은 생각을 하게 해준다.

세월의 흐름과 바람과 물의 작용으로 형체가 많이 희미해진 도상들을 바라보면서 세월에 이길 장사가 없다는 무상을 느껴보는 오후다.

— 경남도민신문 진주성 칼럼(2012. 4. 4)

노천박물관

삼릉 송림 숲 사이 바람은 조금 스러지는가 했더니 숲을 점령하러 조르르 따라온다. 신라왕 가운데 8대, 53대, 54대 왕의 무덤이 있는 삼릉에서 잠깐 예를 갖춘다. 늘씬하게 쭉 자란 잘생긴 소나무 뿌리들의 맥이 등산객들의 발걸음을 조심스럽게 붙잡는다.

비틀거리며 몸을 키워가는 뿌리들의 신음소리가 마치 내 귓가에서는 우우 환청처럼 가까이 들리다 멀어진다. 혈관이 엷어진 모습 바라보다 이른 새벽 물안개도 내일을 기약했을 것이다. 한낮의 차가운 햇살은 산행의 리듬에 맞추어 적당한 온도와 빛을 내어준다. 빛 내림이 환해서 기분 좋은 날, 차갑지만 숲의 운치를 더해주고 산바람의 절정을 맛보게 한다.

《삼국유사》에 일연이 말하기를 절은 하늘에 별처럼 그 수를 가늠할 수 없고, 탑은 기러기 줄지어 가듯 하다고 남산 전체를 노천 박물관이라 한 말이 실감으로 다가온다. 투명하게 얼은 계곡 물이 산내를 옆에 아스라이 두고 오르는 산행은 들뜬 기분을 가눌 수 없게 하며 상기시킨다.

신라 천년의 찬란한 빛이 살아 숨 쉬는 곳이라 그런지 공기가 참으로 달고 맑아서 깊게 숨을 마시며 걷고 있다. 남산은 해발 468미터의 산으로서 높은 편은 아니지만 전설이 숨어 살고 있는 것 같다. 지난날 지명은 금어산이었는데 오늘날 금오산으로 고쳐 불리게 되었다고 전해온다.

명상에 잠겨 말없이 걷다보니 눈앞에 돌부처 하나 중생을 위해 가부좌하고 앉았다. 8세기 후반의 머리 없는 불상이다. 정교한 매듭이 새겨진 돌부처를 보니 어느 석공의 애환이 이토록 절절한지 애가 탈 지경이다.

충격이다. 불두는 어디로 사라졌단 말인가. 유서 깊은 이곳에 무슨 사연으로 외로운 세월 이리도 갈라놓았단 말인가. 잠시 숙연하고 심오해서 말문이 막힌다. 지인들도 조용하다. 이유 없는 핑계가 어디 있으랴. 잠시 넋을 놓고 있다가 또 다른 길을 지인들은 재촉한다. 안타까움도 잠시 뒤로하고 가파른 산길로 묵묵히 오른다.

숨이 목까지 차올라 허리를 펴려니 눈앞 풍경이 장관이다. (보물) 관세음보살, 석조여래좌상이 눈길을 돌릴세라 당당하게 반긴다. 세월의 흔적 속 고스란히 남아 희미한 선들을 아슴아슴

더듬게 한다. 곡선보다 차라리 밋밋해서 더 눈길을 오래 주고픈 연민의 관음보살.

오늘따라 포근하다. 휘파람새의 노랫소리가 청아해서 모처럼 나온 산행이 감정의 기복에 따라 플러스로 되었다. 10분쯤 걸었을까. 이번엔 바위 돌부처, 목 부위가 잘린 온화한 자태의 바위 부처가 있다. 도대체 남산에는 목 없는 돌부처가 몇 분이란 말인가. 안타까움도 이제 슬슬 적응이 되어간다.

산행은 보약보다 좋다. 하지만 게으름은 늘 마음뿐이게 만들고 기운을 소진시킨다. 어느새 후줄근한 땀이 식으니 한기가 든다. 혼자 여유 부릴 겨를도 없이 싸한 바람과 함께 뒤를 따라 고행을 자처한다.

— 경남도민신문 진주성 칼럼(2012. 3. 28)

1박 2일 욕지도

추석이 지난 첫 주말인데도 늦더위 볕살은 한여름 못지않게 따끈따끈 숨이 막혀온다. 1박 2일 남편 동창들 부부모임에서 욕지도로 출발을 하기 위해 통영 삼덕에서 한 시간 가량이 소요되는 욕지 영동고속호는 신조선 고속 카훼리라 욕지도를 향해 가는 관광에 불편함이 없다. 오랜만에 보는 반가운 지인들은 그동안 안부도 그리운 법, 성질 급한 몇몇 지인들 그 사이를 못 참고 돗자리를 깔고 해장술을 주고받더니 얼굴 화색에 분홍 꽃잎을 단 모습이 재미있다.

총무님 지시 따라 예약 장소인 유동 어촌 체험마을의 김 선장 펜션으로 이동 중이다. 통영시로부터 32km떨어진 최남단에 위치한 욕지도는 삼여 해안도로로 고갯마루에서 보는 일출은 욕지를 품은 깨달음의 불덩이를 보듯 붉고 아름답다 하여 새해의 해돋이 명소로도 유명하며 기이한 전설 또한 많은 곳이기도 하다.

알고자 하는 의욕이란 뜻을 지닌 욕지라는 이름은 1백여 년 전 어떤 노승이 시자승을 데리고 섬 동쪽을 마주보고 있는 연화도의 상봉에 올랐는데 스님 어떠한 것이 도입니까 하고 묻자 시자승에게 욕지도 근세무도라 대답하여 욕지도를 가리킨다 하여 유래됐다고 한다.

천연기념물로 지정된 메밀잣밤나무숲과 경남지정 기념물인 패총도 빼놓을 수 없는 볼거리이고 작은 섬에 해수욕장도 통단, 도동, 단초, 흰작살, 유동 다섯 곳이나 되어 여름이면 피서인들로 북새통을 이룬다.

관광 명소로는 정월 초 해맞이 축제 장소로 지정한 새천년 기념탑이 있고, 두 모자의 땀방울로 조성된 새 에덴동산이 있으며, 용왕의 세 딸이 마을에 900년 묵은 이무기가 변한 젊은 총각을 서로 사모하여 이 사실을 안 용왕은 노하여 세 딸을 바위로 변하게 한 전설이 슬픈 삼여도가 있으며, 또 부리가 긴 펠리칸이 먼 바다를 향해 둥지를 틀고 있는 모습을 닮았다 하여 펠리칸 바위가 있고 마지막으로 영화 〈화려한 외출〉 촬영지가 있어 관광객들의 볼거리를 제공한다.

욕지 일주도로 드라이브 길로 따라가다 보니 절벽 바위의 섬 풍경과 둥근 띠 가두리 양식장이 보인다. 욕지도에서만 볼 수 있는 참치, 다랑어, 고등어, 양식장들이 바다 위, 원을 그려 놓은 듯 중간 중간 시선을 사로잡는다. 욕지도에는 벼농사가 없기 때문 길옆 능선 군데군데 소를 방목하여 키우는 것도 특이한 경치 중의 하나이다.

아! 얼마 만에 나와서 탱글탱글한 날씨와 해풍과 뭉게구름의 자유를 보고 있는 것인가? 하루에도 수천 번 변하는 바다색을 보며 감상하고 있다. 명경 같은 물속이 너무 맑아 무아지경에 빠지게 만든다. 풍광에 반해 있는 동안 펜션이 가까워진다. 숙소에 눈도장만 찍고 다시 해안도로 따라 드라이브 길에 나선다. 모처럼 부부동반이라 그런지 마음이 깃털처럼 한결 가볍다. 뜨거운 한여름 날씨보다 더 이글거리는 햇볕이지만 그래도 마냥 즐거움에 신난다.

무작정 해안로로 달리다 보니 점점 미로같이 좁은 길을 들어서 당황스럽다. 그래도 길은 있겠지 하며 조금 가다보니 모롱이 숲길에서 길이 끊기고 말았다. 한적한 오솔길뿐이다. 길 잃은 나그네 신세처럼 어디라도 물어볼 요량으로 두리번거리다 보니 전설의 고향에서 본 듯한 초라한 집 한 채, 마당에서 갑자기 뛰어나와 반갑게 손사래 치는 남루한 옷차림의 할머님 한분, 반갑게 치는 손사래 속에는 그 속에 무엇인가 함정이 있는 것 같아 보인다.

언뜻 귀신인가 사람인가 천년 묵은 노파의 유혹 같기도 해서 다들 차에서 망설이며 들어간 집안에는 섬집하고는 전혀 어울리지 않는 집구조가 일행들을 놀라게 한다. 일본식 구조에다 젊은 시절 세관에서 일하셨다는 할아버지의 고급 골동품 가구들이 세월의 관록을 말해주며 먼지 속에 배치되어 있다.

뒤뜰 쪽에 사각 맑은 옹달샘 우물이 신선이 마신 우물터처럼 자리 잡고 있다. 물맛은 섬에서 맛볼 수 없는 짠물이 빠진 깊은 단물이 돌았다. 텃밭도 사각나무 틀 속 앙증스럽게 심어진 어린 배추들이 올망졸망 정겨움을 더해주었고 상사초 꽃대가 어린 시절 할머님 댁 시골집에 온 것 같은 착각에 빠지게 한다.

특산품인 황토 고구마를 팔 욕심으로 반겼던 것이다. 다들 의아한 그 노인의 미스터리한 손사래에 의문이 풀렸고 일행들은 욕지 고구마 3박스를 사서 돌아 나왔다. 이제는 김 선장 펜션으로 돌아가야 한다.

9.9톤의 선장님 가두리 양식장에 도착하니 거칠고 투박한 섬나그네의 언어가 여인들에게는 텁텁하게 귀에 거슬린다. 즉석에서 건져 올린 물방어가 살려고 몸부림치는 것도 아랑곳하지 않고 뚝딱 한 접시를 내놓는다. 노련한 손놀림에 횟감들은 눈 깜짝할 사이 소주가 바닥이 나고 주인 잃은 종이잔만 저녁노을을 바라보며 등을 돌려 뒹굴고 있다.

체험여행에서만 맛볼 수 있는 신선한 안줏감에 오감은 행복의 늪으로 빠져 노을이 지고 있다. 바다 한가운데서 지는 노을 속에서 저녁 만찬자리로 이어진다. 건배 잔이 몇 배 돌면서 흥은 본격적으로 석양주로 변해 취기가 오른다. 지인들의 개인기로 이어지고 있다. 혼자 바닷가 몽돌 자갈밭이 생각나 어둑어둑

한 방파제로 산책을 하며 나와 몽돌 위에 누워, 섬 하늘을 보니 선뜻 작은 별들이 모여 은하수를 뿌리고 있다.

쏴아아 파도 소리, 몽돌에서 부서져 발목에 감기는 소리가 홀로 느끼는 명상 시간처럼 풍요롭다 못해 눈물겹다. 물수제비를 뜨다 말고 다시 일행들 곁으로 돌아오니 갑자기 없어져 버린 아내를 찾다가 흥건히 취한 남편은 초저녁 주량을 넘어서서인지 삐딱 걸음으로 내게 걸어오고 있다.

밤의 깊이 속으로 취흥의 묘미가 더해지면서 섬에서의 하루는 늦도록 지칠 줄 모른다. 지인 중 유독 고성능 정열적인 배터리를 가진 용량 덕분에 일행들은 밤이슬이 내리도록 흥에 겨워한다. 현대 인상파 지인님 한 분이 노래 부를 때 그 표정은 세계제일의 피카소 작품보다 멋져 대폭소가 터졌다가 묘한 연민으로 바뀐다. 그래서인지 정신을 차릴 겨를이 없게 한다. 가진 게 돈밖에 없는 총무님의 친절한 리더십에 울고 웃는 부부와, 걸쭉한 막걸리 타입에 몸빼 바지 헐렁하게 입고 뒤태가 가히 예술인 지인님은 저녁에서 아침까지 마이크를 잡았다 하면 화술 좋은 입담 때문에 박장대소로 웃음바다가 된다.

새벽 5시에 유람선이 기다리고 있다는 소리에 다들 기다리고 있었지만 까칠한 김 선장님은 연락 두절이라 몇 시간 후 유람을 할 기회를 잡았다. 여명을 휘젓고 선상에 오른 지인들의 소리에 절경의 바다는 잠에서 막 깨어나고 있다. 눈앞에 아슬하게 바라보이는 고래머리 바위와 애기곰 바위, 코끼리눈물 바위, 사자

바위, 두꺼비 바위 등등 장관 속 전설을 간직한 채 웅장하고 위풍당당하게 일행들을 반기며 붉고 힘찬 일출을 밀어 올린다.

눈부신 오늘 아침처럼, 한평생 정말이지 이런 풍광 속 섬에 묻혀 좋은 작품이나 쓰며 살고 싶은 욕망이 멍하게 아침부터 흔들어 온다. 이렇게 좋은 날, 즉석 시 한 편이 등대섬으로 향해 출렁거린다.

친구야
사는 게 별거더냐
희망을 갖고
행복해 하면 되는 거지
사는 게 별거더냐
이렇게 좋은 날 대폿잔 나누며
허물없이 웃는 것이 친구지
잘 사면 뭐하고 못 살면 어떠냐
건강할 때 유람 다니는 게 제일이지

정들었던 1박 2일의 추억을 가슴으로 간직하며 발걸음을 옮겨야 하는 시간이다. 열심히 일한 자들의 새로운 에너지 재충전에 도움을 주신 선장님 내외분께 고마운 인사드리며 푸짐하고 싱싱한 선물에 감사함을 전하며 아쉬움을 뒤로하고 부두의 뱃고동 소리와 함께 이별을 고하고 있다.

오랜 친구들의 진한 우정을 보면서 언제나 한결같은 마음으로 건강하시기를 기원하면서 이런 귀한 프로그램을 짜주신 회장님을 비롯하여 총무님 그리고 고생하신 지인님들에게 진심어린 인사를 올리면서 섬 나들이 1박 2일의 행복한 시간을 영원히 잊지 못할 것 같습니다. 다음에 만나는 그날까지 더 많이 행복하시길 바랍니다.

—《문장과 지역》 발표

오수관거 공사

진주시내 도로 곳곳마다 오수관로 공사로 도로가 제 구실을 못하고 교통 정체에다 돌아서 구간을 가야 하는 불편함과 진동하는 소음 소리와 마른 먼지가 바람에 휘날리는 분진으로 인해 불만이 이만저만이 아니다.

필자가 사는 관내에도 이른 아침부터 저녁까지 굴삭기 소리와 덤프트럭 소리로 공사현장에 와 있는 느낌으로 하루가 시작된다.

오수관거 공사는 모든 시민들이 좀 더 나은 환경에서 생활할 수 있게 하기 위해 사회간접 자본을 확충하는 공사라고 설명을 들은 바 있다. 국가 재정이 부족해서 임대형 민자 사업(BTL)시공 방식으로 공사를 진행한다. 즉 민간자본을 빌려 민간업체가 공사를 진행하도록 하고 추후에 국가에서 공사비를 갚는 방식이다. 오염방지 차원에서 하수관거 시설에 대한 경제적이고 효율적인 정비 및 운영관리를 통해 지하수, 방류수역의 오염방지와 하수처리장 처리 효율제고 등을 도모하는데 그 목적을 두고 있다고 관계자는 설명을 덧붙인다.

기존에는 빗물과 생활하수가 분리되지 않고 우수관(빗물관)을 통하여 하천으로 방류되어서 하수냄새도 심하게 나고 여름이면 모기, 파리 떼들도 많이 발생하여 시민들의 건강을 위협하기도 하였다. 추후 공사가 완공된 후에는 그런 문제점들이 해결될 것이라고 공사 관계자들은 이야기하고 있으며, 또한 그러한 자부심으로 공사에 임하고 있다고 한다.

정수과정을 거치기 전 오염된 하수를 그대로 강으로 흘려보내던 시스템을 개선하여, 거대한 정수 장치를 만들어 하수를 하수처리장에서 정수과정을 거친 후 맑은 물로 만들어서 강으로 흘려보내게 되면 환경오염도 줄일 수 있어 쾌적한 환경을 누릴 수 있다. 그리고 옛날과 달리 자재 및 시공방법이 개선되어 반영구적으로 하수관거를 사용할 수 있어 경제적으로나 환경적으로도 이로운 점이 많다고 한다.

이런 사유를 들어 시공사는 생활이 조금 불편하더라도 공사에 대한 시민들의 협조를 부탁한다. 1개 회사가 아닌 고려개발(주) 외 7개사가 합작을 해서 공사를 진행한다고 하니 분명 막대한 공사임이 틀림이 없는 것 같다. 지금 당장은 소음과 도로의 노면이 울퉁불퉁 다 파헤쳐져서 불편하지만 앞으로 더 질 좋은 삶을 위해서는 시민들이 같이 동참할 수밖에 없는 현실인 것이다.

곧 장마철이 다가온다. 노면 위 파놓은 공사로 인해 흙탕물이 고여 지나가는 시민들에게 피해를 주지 않을까 염려가 된다. 다가오는 장마철을 대비하여 시공사의 철저한 사전 준비를 당부해 본다.

— 경남도민신문 칼럼(8. 20)

건강 위해 걷는 현대인들

봄꽃들이 화사하게 만개한 지난 주말 답답한 실내에서 벗어나 오랜만에 등산을 갔다. 모처럼 즐기는 가벼운 나들이. 월아산 자락엔 등산객들이 줄지어 어디론가 향하고 있었다.

초등학생인 두 아이와 오랜만에 해보는 등산이라 등산로가 어디인지 낯선 안내문에 발걸음을 멈추었고, 우리 가족 역시 많은 인파 속에 파묻혀 아무 생각 없이 산을 올랐다. 10분쯤 가다 말고 다리가 아파오고 숨도 차고 당장 왔던 길로 되돌아가고 싶은 충동을 느꼈을 무렵, 막내아들 녀석이 질문을 했다.

"엄마, 산에는 왜 가요?"

"그래 으응…."

그리곤 침묵이 흘렀다.

그래 도대체 왜 내가 걷고 있으며 누가 시키지도 않은 이런 노력을 왜 해야만 될까? 난 혼자 결론을 내렸다. 그리고 아들 녀석에게 이렇게 얘기했다.

"정상에 가려면 앞으로 한 시간 넘게 남았는데 이유는 자기 자신과의 싸움에서 인내를 배우기 위해서야. 이 낮은 꼭대기에도 도달하지 못하면 이험한 세상 앞으로 가파른 등산보다 더 인내가 필요할 때 어떻게 헤쳐나가겠니. 이런 것들을 이겨내다 보면 다른 일에서도 넌 누구보다도 침착하게 잘 해낼 수 있을 거야!"라고 다독였다.

초등학교 2학년인 아들이 내가 말하는 의미를 알아들었는지 고개를 끄떡이며 내 뒤를 따라오고 있었다.

다리가 아파하는 두 아이들을 위해 "남들도 다 하는데 너희도 할 수 있어"란 말밖에는 더 할 말이 없었다. 그날 사람들의 인상을 보면서 난 확실히 현대인의 삶을 읽을 수 있었다.

정상을 향해 가는 이의 얼굴은 모두 인상파가 되어 무엇인가 갈구하는 눈빛을 느꼈고 정상에서 하산하는 이들에게는 편안과 웃음과 여유가 있었다.

그래 정상에 도달해 보면 별것도 아니고 무상하고 허무하지만 나도 해냈다는 그 자부심을 느끼기 때문에 사람들은 갔던 길을 다시 돌아오면서 흐뭇해 하지 않을까?

우리네 인생도 등산과 뭐가 다르랴. 오르막이 있음에 내리막도 있다 했던가….

— 경남일보 경일춘추(2002. 4. 19)

천 평에 심은 꿈

— 은퇴 설계서

오래전 지리산 아미랑 고개에 있는 천 평 밭을 하나 시댁에서 주었습니다. 그 밭에 첫딸이 태어나던 해 기념으로 대봉 감나무를 심었지요. 딸 이름을 따서 가람 농장이라 지었습니다. 남들은 봄 꽃놀이를 가면 우리 가족들은 대봉농장으로 가서 감나무 아래 상추와 쑥갓, 푸성귀, 유기농 채소를 심었습니다. 여름이 가고 가을이 오면 단풍 구경 한번 제대로 못 가고 감을 수확하지요. 둘 다 직장인으로 주말을 이용해서 일을 하였습니다. 유수처럼 세월이 흘러 감나무와 딸은 벌써 23살 동갑내기입니다.

어느 날 남편은 대봉감으로는 별 소득도 안 되니 이제 노후 대책을 세워서 언제 명예퇴직을 당할지 모를 직장에 대비해야 된다면서 저에게 한마디 상의도 없이 지리산 명품 곶감을 만들어야 한다고 불쑥 제안을 했습니다. 노후 계획을 혼자서 거창하게 세워 농장 이름도 아미랑 농장으로 바꾸면서 저를 주눅 들게 하더니 결국 4년 전 산청곶감에 도전을 하였습니다.

곶감을 깎아 보니 생각보다 소득도 없고 마음과 육체는 고생뿐이었습니다. 처음 곶감을 깎은 해는 날씨가 너무 덥고 비가 많이 왔습니다. 일주일에 3일은 비가 내려 곶감에 곰팡이가 피기 시작하였고 하늘은 우리 편이 아닌 다른 편에 서서 가을 내내 가을비를 뿌리고 있었습니다. 그토록 희망을 품은 우리에게 비웃기라도 하듯 결국 하나도 못 팔고 땅속에 묻고 말았습니다.

일 년 고생과 노력이 수포로 돌아가 버리고 내 년을 한 번 더 기대해 보자고 서로 위로를 했습니다. 작년에도 작황은 좋지 않았지만 그래도 곶감 값이 좋아 설 선물로 잘 유통이 되었습니다. 지인들은 모두가 노후대책을 벌써부터 잘 세워 부럽다고 하지만 눈물겨운 실패 뒤에 오는 좌절감은 농사를 지어 보지 않은 사람은 모를 것입니다.

노후 대책이라 하면 그래도 좀 더 큰돈이 되어 기쁨 두 배, 소득 두 배가 되어야 하지만 우리는 천 평에 꿈을 심고 작은 것에 만족을 하며 살기로 했습니다.

작년에는 다행히 농장에 조립식 이층을 소박하게 올렸습니다. 귀농 아닌 주말을 이용해 출 · 퇴근하는 투잡 농부인 셈이지요. 뒤돌아보면 제 인생에 있어 작은 텃밭 하나가 이렇게 큰 비중을 차지하고 살 줄은 정말 몰랐습니다. 소일거리로 땀 흘려

노력해서 얻은 농사의 보람도 생각하기 나름입니다. 사는 거 별거 있나요. 건강만 따라 준다면 풀꽃 하나에도 감사할 줄 아는 배려로 자연의 이치에 순응하면서 삶을 사는 거지요.

멀리 지리산에 앉은 설경을 가만히 바라봅니다. 올해도 어김없이 풍년이 되어 이 작은 간절함을 버리지 않기를, 먼 후일 지금처럼 흙냄새 맡으며 살 수 있기를 기도해 봅니다. 노후에 일거리를 선물해주신 선견지명이 있으신 시부모님께 감사하다고 농장 가는 길에 시아버님 시어머님 산소에 가서 소주 한잔 올리며 큰절 올려야 할 것 같습니다.

— 경남일보 경일춘추(2014. 3. 12)

사람이 꽃보다 아름다운 이유

며칠 전 지리산 S농장에 장미꽃 축제를 한다고 해서 가족 나들이를 갔었다. 푸르른 나무들 사이 장미꽃과 농장은 결코 어울리지 않는 두 주제를 가지고 있었다.

햇살 고운 능선 자락 위 우뚝 솟은 건물 옆 길가에는 100여 종에 달하는 수백만 송이 장미가 매혹적인 자태로 구경꾼들의 시선을 사로잡았고, 여기저기에는 사진을 촬영하느라 나들이 나온 이들의 모습이 마냥 행복해 보였다. 놀란 것은 어림잡아 1만여 명쯤 몰려들어 구경을 하고 갔다고 했다. 또한 축제를 통해 간접 마케팅 효과를 엄청나게 거두었다는 거였다.

경영주는 8년 전 장미 한두 송이를 심기 시작하여 오늘날 아름다운 동산을 만들기까지는 남다른 노력이 필요했고 그곳을 구경하면서 내내 ‘그 옛날 아담과 이브의 동산이 이보다 더 아름다웠을까?’ 라는 생각이 들었다.

한국 토종이 아닌 전 세계 장미들이 군락을 이루고 있어 마치 외국 꽃 향연에 초대된 듯 이국 정취에 취해 착각을 했을 정도였다.

처음 도착했을 때는 계분 냄새로 조금 역겨웠지만, 수많은 장미꽃에 매료되어 냄새도 잊은 채 묘한 조화 속에 구경꾼들 남녀노소의 표정을 살펴보니 전부 꽃미남 꽃미녀처럼 밝고 화사했다.

이 세상 모든 꽃을 바라볼 때마다 신이 주신 지상의 가장 신비로운 은혜의 선물로 여겨질 때가 많았다.

그리고 장미와 양계라는 두 이질적 요소로 결합시켜 축제로 승화시켜 흥미를 가지게 하고 이색적 관심을 끌게 하는 것 같았다.

한참을 구경하다 보니 작은 연못 옆 생각하는 사람과 비슷한 로댕 조각품이 반질반질 따가운 햇살에 빛나고 있었다. 순간 닭의 조각이 아닌 로댕 조각은 무엇을 의미하는 것일까?

뭇 사람들의 시선이 포개지는 가운데 풀리지 않는 수수께끼 하나를 가지고 집으로 향했다.

장미와 계란처럼 조각도 도저히 그 분위기와 어울리지 않았지만 많은 사람들에게 깊이 생각하게 하는 무언의 메시지를 전하고 있는 것 같았다.

계분 냄새 속에서도 아름다운 한 송이 꽃을 피워 놓았듯 앞서 가는 생각과 아이템이 축제의 결실이리라. 언제나 테마파크라는 거창한 곳에 가보면 별 볼거리가 없는데 이곳은 새로운 수준을 넘어 양계사업에도 친환경 축산의 바람이 부는 현장을 볼 수 있었다.

어느 유행가 가사를 보면 사람이 꽃보다 더 아름답다고 노래하지만 그 꽃을 가꾸는 사람이 있으니 더 아름답다고 노래하지 않았을까?

일찍이 아리스토텔레스는 '꽃을 꺾는 사람은 악녀요, 꽃을 가꾸는 사람은 미녀' 라고 예찬을 했다.

그 어느 누가 꽃을 보고 화낼 사람이 있으리오?

그래서 동양인들은 이름 모를 꽃 한 송이에도 감탄하며 사랑하는 순박한 미덕을 가지고 살아가는 것 같다.

— 경남일보 경일춘추(2004. 6. 8)

소방방재학과 종강시간을 마무리하면서

학생 여러분! 엊그제 첫눈이 내리고 두 번째 눈까지 내렸습니다. 경남지역에서는 눈을 보기가 참 드문 지역이라 그런지 눈 내리는 창가에서 낭만과 그리움보다는 전 여러분들을 생각했습니다.

졸업이라 속 시원하실지 몰라도 졸업은 또 다른 시작입니다. 사회에 첫발을 내딛는 그런 조심스럽고 미숙하고 두려운 시기입니다. 그리고 자기 스스로 업무에 책임을 져야 하는 시기인 만큼 삶에서 중요한 시기입니다.

또다시 공부를 시작하고 시험을 준비하고자 하는 여러분들이 많을 거라 생각합니다. 인간은 인간이기 이전에 사람입니다. 노력해서 안 될 일은 이 세상 아무것도 없습니다. 용기를 내어 도전하다보면 미래가 조금씩 열릴 것입니다.

여러분들은 젊음이 있기에 두려울 것도 없습니다. 한번 마음 먹은 것 실천해 보시기 바랍니다. 한파로 추위가 몰아쳐도 우리는 결코 춥지 않을 것입니다.

벌써 공부한 지도 어언 1년이 가고 졸업이 오고 헤어짐이 와 있습니다. 정말로 여러분과 함께한 세월 길다면 길고 짧다면 많이 짧았습니다. 때론 투정하는 여러분들 보면 제자이기 이전 내 아들딸 같아 받아주고 또 그렇게 보낸 시간들이 가슴에 남아 있습니다.

전 교수이기 이전 인생의 선배로서 여러분에게 항상 강조한 이야기가 있습니다. 먼저 사람이 되어라. 의리가 있어라. 그리고 자기 자신보다 주위를 살펴라. 더불어 사는 세상에서 항상 남을 생각하라 강조한 이야기입니다.

헤어짐은 또 다른 만남이라 하지만 우리가 언제 어디서 또 스승과 제자로 만날지 모릅니다. 그때는 기꺼이 환하게 악수하며 포옹하는 정이 넘치는 그런 만남이 되도록 합시다.

종강 파티를 할 때마다 항상 서운하고 애틋한 마음 감출 수 없어 눈물 글썽이지만 그래도 학생 여러분이 있었기에 함께한 많은 시간 행복했고 좋았습니다. 비가 오면 비가 온다고 화창하면 너무 날씨가 눈부셔 공부하기 싫다고 한 세월도 추억 속에 남겨두고 다음 주에 시험을 치면 여기서 여러분들과의 인연도 끝이 납니다. 그동안 열심히 공부한다고 고생 많았습니다. 먼 훗날 외면하지 않고 안부가 그리운 사람들로 남아서 서로 연락

하는 사이가 됩시다.

세상이 아무리 변해도 스승과 제자 사이는 변하지 않습니다. 좌절보다 밝은 희망이 있기에 용기를 냅시다. 학생 여러분 곁에는 항상 어머니 같은 제가 있습니다. 어려울 때나 기쁠 때나 함께 의논하는 그런 스승과 제자가 됩시다.

아쉽지만 앞날에 축복이 있길 기대하면서 소방방재학과 학생 여러분 그동안 고생 많았습니다. 다가올 졸업을 미리 축하드리며 학생 여러분 모두 모두 사랑합니다. 건강하시길 .

혈액형으로 보는 흥미로운 심리 탐험

얼마 전, 학교에서 한 제자와 대화를 나누는데 '혹시 교수님 혈액형이 B형이 아닌가요.' 하며 당혹한 질문을 던진다. 왜냐며 물어보자 자기 어머니 성격과 비슷한 거 같아 물어본다고 했다.

요즘은 누구나 자기의 혈액형을 잘 파악하고 있다. 혈액형은 사람의 노력으로 바꿀 수 있는 것이 아니다. 자신의 의사와 상관없이 정해진 또 하나의 운명 같은 것이다. 하지만 혈액형의 특성을 올바로 앎으로써 자기와 맞는 친구와 친해질 수가 있다.

직장과 사회에서 성공으로 이끄는 대인관계며 자신의 기질적 특성에서 비롯된 성격을 알아보기 위해 어느 해 학생들 수업시간에 자기 성격의 특징과 장단점 그리고 좋아하는 음식과 함께 혈액형을 적어 리포트를 내라고 한 결과, 놀라운 공통점을 발견

했다.

통계로 나온 유형별로 먼저 O형이 좋아하는 음식은 고기와 유제품이 많았고 살찌는 고단백들을 좋아했다. O형 성격의 유행들은 첫눈에 반하는 일이 자주 있고 칭찬받는 걸 너무 좋아하며 남을 먼저 생각하고 이해하며 합리적인 생각을 많이 하고 있었다. 혈액형 중에 최고의 말솜씨를 자랑했으며 수업시간에도 발표자의 주된 혈액형이 O형이었다. 그리고 오버를 잘하고 싫고, 좋음을 심하게 표현하였다.

A형이 좋아하는 음식들은 고기보다 채소를 좋아했고 다이어트 필수식품들을 많이 선호했었다. A형 성격은 자존심이 무지 강하고 혼자 생각을 잘하며 신경이 예민하여 화가 나면 오래가며 속을 알 수 없으며 비밀이 많아 무슨 생각을 하는지 알 수가 없다고 스스로 서술했다. 우울한 사람들이 많았고 성격은 강직한 편들이 많았다.

B형들이 좋아하는 음식들은 닭고기와 해조류가 많다. 차는 생강차나 페퍼민트 차를 선호하였다. B형의 성격은 강한 척 하지만 약하며 눈물이 많다. 비상한 기억력을 지닌 이들이 많다. 사람의 믿음이 강하고 한번 화가 나면 정말 무섭다는 리포트 결과가 나왔다.

AB형이 좋아하는 음식은 밀가루 음식과 콩 종류가 많았다. AB형 성격은 자기 자신 스스로 알 수 없는 성격이며 조금은 악마 같은 변덕스러운 성격이 매력이라며 이중성을 이야기하고 있었다. 실제 AB형은 인구 중 2~5%밖에 없는 귀한 혈액형이다. 보편적으로 예술에 관한 소질과 논리성, 관찰력, 이해력, 경계심, 까다로움이 주를 이루고 있으며 천재 또는 바보가 제일 많은 혈액형이기도 하다. 특히 재미있는 것은 마네킹처럼 무표정한 사람이 많다.

이런 결과들을 리포트로 받고서 혈액형과 인간학 사이에서 거론되는 심리탐험이 무엇인지를 조금은 알 것 같았다. 100%는 아니지만 근사치에 와 있다는 걸 보면서 흥미로움을 감출 수가 없었다. 누구나 혈액형을 가지고 있다. 재미삼아 보면서 과연 나는 무슨 혈액형을 가졌기에 성격과 단점들이 조화를 이루며 살아가는지 한번쯤 재미로 볼 일이다.

— 경남일보 경일춘추(2014. 2. 11)

친정어머님께 띄우는 짧은 편지

— 부재중

어머니! 육 남매 중 유일하게 전화번호를 외우고 계시는 막내딸입니다. 아침마다 어김없이 저에게 전화하시는 재미로 사시죠. 때론 달콤한 아침잠에 빠져 있을 때 전화가 오면 귀찮은 듯 잠이 덜 깬 목소리로 전화를 받으면, 아직도 자나? 지금 몇 시인데, 하시던 수많은 나날들. 그런데 어떡하죠?

어느 도깨비장난인지 밤낮 전화기를 들고 말을 않고 듣고만 있습니다. 정말 도깨비 아니면 외계인이라도 있어 무전이라도 치는 걸까요? 유일한 어머니의 목소리 때문에 전화를 이전했는데 식구들 모두 핸드폰이 있다 보니 집 전화는 거의 사용을 않고 있었지요. 그러나 전 당신 때문에 집 전화번호를 취소할 수가 없어 지금까지 고집을 했습니다. 하지만 어머니! 이런 도깨비 장난전화 때문에 어쩔 수 없이 어제 전화번호를 취소하게 되었습니다.

엊그제 아침 어머니에게 이제 집 전화번호로 통화할 수 없다는 이야기를 드리는 순간, 힘없이 끊는 목소리에 제 가슴은 몹쓸 짓을 한 것 같아 미안하기 짝이 없습니다. 한 달 전, 겨우 제가 보청기를 사드려서 착용하시고 계시면서 이제 전화 소리도 잘 들린다고 기뻐하신 말씀, 쟁쟁한데 좀 들릴 만하니 어머니 속도 몰라주고 국번이 없거나 결번이오니 다시 한 번 확인하시고 걸어주세요. 하는 안내전화 때문에 아무것도 모른 어머니 놀라셨을 거예요.

이제 조금씩 연습하셔서 핸드폰으로 전화하세요. 겁먹지 마시고 천천히 꾹꾹 눌러 보세요. 언제까지나 기다릴게요. 일곱 자에서 열자인데 3자리를 더 누르면 됩니다. 일 년 중 어제는 밤이 제일 긴 동짓날입니다. 초저녁에 전화를 거니 기다리고 계셨다는 듯이 반겨주시는 어머니. 이제는 제가 대신 전화를 하루에 한 번씩 걸겠습니다. 익숙해질 때까지 말입니다. 아버지 몰래 부지런히 연습해 보세요. 전화 걸다가 잘못 걸어서 아버지에게 잔소리 들었다고 포기하지 마세요.

오늘은 전국적으로 강추위에 날씨가 꽁꽁 얼어붙었습니다. 감기 조심하시고 이제는 편안하고 여유롭게 양보도 하시면서 사세요. 제발 쉬엄쉬엄 쉬어가며 일하시구요. 그래야 막내가 마음이 놓입니다. 사람 사는 게 자기 뜻과 같이 잘되지 않는다고 하신 말씀처럼 이제는 저도 중년이 되고 보니 알 것 같습니다.

이불을 꿰맬 때마다 당신 생각 간절합니다. 오늘 아침도 우리 집 막내 녀석 아토피가 있어 면 이불을 씻어 꿰매다가 문득 어머니 생각에 사로잡혀 두서없이 몇 자 적어 봅니다. 여자는 자식 둘 낳아서 키워봐야 부모 마음 안다고 하시는 옛말이 하나도 틀린 말이 아닌 것 같습니다. 어머니의 막내도 어느새 두 아이의 엄마로 어머니가 걸어왔던 뒤안길로 따라가고 있습니다.

거실 입구에 놓아둔 산호수 화분에 물을 듬뿍 주었더니 파랗게 살아난 잎새 아래로 빨간 열매가 자식처럼 사랑스럽게 조롱조롱 달려 생기를 더해주는 아침입니다. 식물도 그러하거늘 하물며, 부모님의 내리사랑은 어디다가 비유를 할까요. 이렇게 훌륭히 키워주신 어머니! 한 해가 또 저물고 있습니다.

세월이 자꾸 흘러간다는 것은 어머니와의 만남이 자꾸 짧아진다는 것이겠지요. 그래서인지 이렇게 추운 날에는 가슴이 더 시리고 보고 싶습니다. 유수 같은 세월, 막을 수는 없지만 토닥토닥한 지난 세월이 꿈만 같습니다.

어머니! 한 가지만 부탁 드려도 될까요. 행여 다음 생이 있어 만날 수 있는 행운이 저에게 주어진다면 기꺼이 어머니의 막내딸이고 싶습니다.

— 경남문학관 전시 〈가족에게 쓰는 편지〉(2013. 4. 10)

진정 한번쯤 욕심내고 싶은 것들에 대하여!

1.

바닷가가 보이는 해안도로를 가다보면 산수 청렴한 작은 섬을 볼 때가 많이 있다.

그럴 때는 아! 하고 감탄을 하며 상상의 꿈들을 펼치곤 한다.

섬 속에 묻혀 세상 시름 놓고 낮이면 나룻배에 앉아 고기도 낚고 사랑스런 님들이 오시면 그렁그렁 밝은 달빛 불러 향기 고운 곡주로 밤을 지새며 청산에 맺힌 알 수 없는 한을 읊고 싶다.

2.

이슬비 내리는 날, 머리가 복잡하고 심란할 때 빨려들듯 산안개 운무를, 바라볼 수 있는 조용한 별장 통나무집 하나를 지어보고 싶다.

숲 속 풀벌레 우는 곳에 명상도 하며 내가 읽고 싶은 책을 온종일 늘어놓고 볼 수 있는 마음의 여유를 지니며 살고 싶다.

매일 무엇에 쫓기듯 하루가 열리면 일인 6역의 일에 파묻혀 뒤도 옆도 돌아볼 여유도 없이 사는 자신에 어쩜 이런 평범함을 부러워하고 있는지 모른다.

언제나 긴장 속에서 전쟁터에 싸우러 나온 용사 마냥 준비자세로 사는 현실을 도피하고 싶은 마음 어찌할 수가 없다.

3.

전 세계 골동품을 한눈에 볼 수 있는 갤러리를 하나 장만해서 가지고 싶다. 세계 여행을 떠나 그들의 각 전통을 체험하여, 여러 나라 생활 풍습과 골동품들을 조금씩 수집하여 시간이 허락하면 세계 각국 골동품 전시를 하면서 관람객에게 설명하고 싶다.

내 마음속에 풍류만 욕심내고 산 줄 알았는데, 부질없는 욕심 몇 가지도 나이 따라 세월 속에 숨어 함께 살고 있었는지 오늘에야 알았다.

—《진주교육》 칼럼(2004. 4. 3)

내 가슴에 묻혀 있는 다섯 가지 수필을 불러놓고

수필은 단아한 현(가야금) 울음이다

산 안개 서리서리 내려오는 심심산골 신이 무거워 버리고 간 듯 널따란 바위 위에 바람 소리와 어우러져 알 수 없는 가락들을 절묘하게 울리는 가야금 울음소리와 같은 것이다. 고요의 질서를 깨트리고 자연의 숨소리와 하모니가 이루어질 때 절로 마음은 평온에 젖고 웃음꽃이 번진다. 한 편의 수필을 그릴 만큼 마음이 맑아지다 보면 어느새 수필은 화려한 일곱색 무지개 빛으로 그려달라 숨죽이고 애원할 것이다.

수필은 명상이다

음악에도 수많은 얼굴이 있듯이 시끄러운 세상, 건조한 세상에 마음을 다스리는 소리와 몸짓들이 있다. 복잡한 번뇌를 훌훌 벗어놓고 일상에서 때로는 고결한 학처럼 백조의 눈부신 날개짓처럼 하늘과 땅의 정기를 몸 속으로 받아들여 무상무념의 자연인이 되어 마음을 비워둔 곳에 수필 씨앗을 한번쯤 심어보자. 명상을 먹고 자란 수필은 눈 속에 피어나는 복수초처럼 신비롭고 청아할 것이다.

수필은 정갈한 여인이다

봄 화신처럼 나풀거리는 고운 한복을 입은 여인을 생각해보자. 나비 같은 고운 모양이며, 우아하여 장신구를 따로 달지 않아도 되고 맵시 나는 단정한 걸음걸이, 티 없이 느껴지는 여인의 도화빛 고운 화색, 여인의 정갈함은 수필과 인연이 있다 해도 아니 되겠는가.

수필은(우전을 우려낸) 찻물과 같다

곡우(사월이십일 이전)철 따라 울고 웃다가 한겨울 넘어 생명의 신비로 살아남은 어린 속잎들의 반란 피면 지는 깨달음을 말없는 메시지로 전한다. 지는 것이 서러워 피지도 못한 속잎을 따서 말려 고요한 다기 속에 우려내 푸른 물빛 속잎을 피우고, 눈으로도 먼저 한잔 마시게 한 다음 코로 풀 향기 음미하여 보는 여유는 얼마나 황홀한가. 자연이 우리에게 배려해주는 고귀한 선물인 것처럼 수필도 좋은 찻물 같은 것이다

수필은 영롱한 진주다

진주는 인어의 눈물 방울이라 할 만큼 영롱하고 아름답다. 누구에게나 사랑받는 보석이듯 모양 역시 지구처럼 동글동글하여 우주의 형태를 닮았다. 크림색 빛깔로 그 빛 또한 곱고 순결하여 그 가치가 귀하다. 좋은 수필은 우리 가슴에 아끼는 진주 보석같이 소중히 남아 있을 것이다.

그리하여 오늘 이 시간!

내 마음속에 방황하던 수필 다섯 가지가 차례차례 불려 나와 하얀 종이 위에 여장을 풀고 쉬려고 한다.

—《진주교육》 칼럼(2004. 6. 6)

제4부

구 름 이
머무는 곳
발길 따라

중국 여행기

— 상해, 항주, 황산

계절의 여왕 오월이다. 붉은 줄장미 지천으로 거리마다 피어 가는 이의 발걸음을 유혹하고 있다. 이런 좋은 날 머리도 식힐 겸 중국 여행길에 오른다. 김해 공항 국제선에서 하나투어 가이드와 미팅 후 중국 항주로 향한다.

항주 편

항주는 중국의 8대 고도 중의 하나로서 절강성의 정부 소재지이다. 항주는 동아 계절풍의 영향으로 기후가 온화하고 습윤하며 사계절이 분명하고 일조시간과 강우량이 충분하다. 아름다운 산수와 소박한 민풍을 갖고 있는 곳이기도 하며 풍부한 역사와 문화를 자랑한다. 도자기, 인쇄, 실크문화, 음식, 고찰 등이 일류의 수준으로 관광객들을 반긴다.

동방 명주탑은 중국 상하이 푸동 지역에 있는 높이 468m의 방송탑으로 마천루를 상징한다. 동양의 진주라 불리며 상하이 야경에 핵심적인 역할을 한다. 캄캄한 밤에 영롱한 빛을 밝히는 탑의 신비스러운 자태 또한 놓칠 수 없는 구경거리다. 역사박물관은 한 · 중 지나간 역사가 숨 쉬는 공간으로 과거와 현재가 있는 곳이다.

다음 코스는 명나라 관료였던 판원 된이 부모를 위해 18년 만에 완성한 중국식 정원. 아름답기 그지없는 예원을 돌아본다. 엘리자베스 2세와 빌 클린턴이 방문해 차를 마신 정자와 누각들이 눈에 들어온다. 100년 전 부터 예원이 있는 이곳은 상하이 최초의 번화가로 전통 간식, 장신구, 도장, 옥, 차, 다기, 치파오 관련 상점이 있는 곳으로 명성이 난 곳이기도 하다.

황산 편

여행 중 이슬비가 조금씩 차창 밖을 뿌리고 있다. 이번 코스는 화강암으로 이루어진 산, 명산인 황산을 마주 대할 시간이다. 중국의 국가 중점 풍경 명승구로 지정된 10대 풍경 중 하나이기도 하다. 세계자연 문화유산으로도 등재된 황산.

황산은 3대 주봉이 있다. 제1고봉은 연화봉으로 케이블카를 탑승하여 황산 풍경구를 관광해야 한다. 무릉도원 속 안개비와 운무가 한치 앞도 보이지 않게 애간장을 태운다. 중생대 말기에서 신생대 초기의 조산운동에 의해 화강암으로 이루어진 산으로 빙하와 자연풍화에 의한 침식을 거쳐 기암괴석이 형성되었으며 기송, 괴석, 운해 및 온천을 4절이라고 칭하고 있다.

중화민족의 시조인 황제가 수하들을 이끌고 이곳에 와서 득도 후 승천하였다고 하여 이 산을 황산으로 개명했다고 한다. 황산의 제2고봉 광명정, 배운정은 운무가 가장 집결되는 곳으로 사시사철 운무의 신비를 더해준다.

후텁지근한 날씨에 혼자 천길, 만길 낭떠러지 위로 아슬아슬 스릴을 만끽하면서 걷고 있다. 당대 최고의 시인 이태백은 중국 최고의 명산, 황산에 세 번째로 올라 형언할 수 없는 아름다움을 한수 시로 읊었다.

황산 사천 길 높이에
서른두 개의 연꽃 봉오리
빨간 벼랑에 돌기둥들
도톰한 연꽃과 금빛 연꽃들

깎아지른 듯한 절벽 사이로 석문이 있다. 절벽 옆에는 계단을 놓아 한 사람이 겨우 지나갈 정도의 아찔한 낭떠러지가 길이 되어 있다. 기송, 기암, 운해, 황산 삼기를 돌아보면서 감탄이 전율로 이어진다. 천길 풍경 속으로 떨어질 것 같은 협곡 사이 잠시라도 옆눈을 돌릴 수가 없을 정도로 초긴장 상태다.

두근거리는 심장과 가슴이 진정할 만하면 또다시 협곡이 나타나 오금을 저리게 하고 아찔하게 하는 비경 속 절경이다. 황산은 역사 속에서 예술과 문학을 통해 끊임없이 찬사를 받은 곳이다. 이곳을 찾은 방문객, 시인, 화가, 사진가들을 변함없이 매혹시키고 있는 곳이기도 하다.

울창한 숲과 오래된 수령의 기괴한 모양을 자랑하고 기목이 있는 황산, 몽환적 계단 길, 수려한 풍광들을 보며 관광객들은 찬탄, 또 찬탄이다. 황산은 중국 산수화의 경치 중에 으뜸으로 연간 200일 이상 운무가 낀다고 한다. 그래서 운해의 땅이라고 한다. 운무가 바다를 방불케 한다. 서해 대협곡도 그래서 유래된 말이다.

황산 정상에 있는 배운루 호텔에서 다음 날 일출을 보기 위해 여장을 푼다. 눅눅하고 습기 많은 산 정상의 호텔, 퀴퀴해서 유쾌하지 않는 밤은 그렇게 흘러가고 미명에 새벽 일출을 맞이하기 위해 시신봉 절경지를 20여 분 굽이굽이 올라간다.

해가 올라오기를 기원하며 숨죽이는 순간, 세상에서 하나뿐인 붉은 해가 산허리 심장을 뚫고 아득히 올라온다. 일제히 세계 각국 언어들의 환호성이 울린다. 순간 중국이 아닌 한국에서 해맞이를 하는 착각에 빠진다. 여명이 밝아오면서 안개도 조금씩 걷히기 시작한다. 빛이 어둠을 이기는 이 장엄한 순간.

살아 있음에 감사하며 두 손 꼭 쥐고 기도를 올리면서 마음을 가다듬어 본다. 내 심장에 불덩이 하나 안고 내려오는 길은 힘이 절로 생겨 나도 몰래 방전된 삶에 충전이 되는 기분이다. 하산길 홀로 생각한다. 인생이란 바로 이런 기분으로 사는가 보다.

상해 편

160년 전 작은 어촌에 불과하던 도시, 미국 뉴욕 맨해튼에 버금가는 화려함과 역동성을 지닌 상하이는 중국 4대 직할시 중 하나다. 천지개벽을 이루어낸 상하이의 마천루 사이에 뱀처럼 구불구불 이어진 황포 강이 와이탄과 푸둥을 동서로 가로질러 천년 역사를 이루며 멋진 야경들을 만들어 내고 있다 . 오성홍기가 펄럭이는 와이탄 만국 건축군 거리는 비린내 나던 포구를 화려한 항구도시로 변모하게 만들었다.

상하이의 매력은 건축, 패션, 디자인을 비롯, 길거리의 문화와 역사도 볼거리를 많이 제공해주고 있다. 중국 남방의 주택문화는 습도가 높아 집들이 2층 또는 3층이 많다. 1층은 창고용도로 쓰이고 2층은 가정집 3층은 조상의 납골당이 모셔져 있어 제사를 모실 수 있는 용도로 만들어 졌다고 한다. 어디를 여행해 보아도 묘지를 찾아볼 수 없다.

화장을 해서 자기 집에 모신다는 독특한 장례문화 또한 한국과 비교가 되는 부분이다. 상해에는 산이 없다. 그래서 현지인들은 이런 방법을 택했는지 모른다. 중국인은 죽을 때까지 못해 보는게 세 가지가 있다고 한다. 첫번째 죽을 때까지 가보고 싶은 곳 다 가보지 못하고, 둘째 모든 음식 또한 다 먹어보지 못하고, 셋째 죽을 때까지 다 못 배워 보고 죽는다 하니 얼마나 땅이 넓으면 이런 재미있는 이야기가 나왔을까.

요리 또한 참기름은 쓰지 않고 유채기름을 많이 사용한다. 맛이 느끼해서 한국인의 입맛에는 잘 맞지 않다. 산해요리 4가지가 있다 해서 식당으로 가서 주문을 해본다. 북해요리, 광동요리, 사천요리, 산동요리, 그중 광동 요리가 한국 입맛에 좀 가깝다고 추천을 하기에 식사를 해보니 느끼한 맛은 비슷하고 별다른 차이점이 없다. 기대가 실망으로 금방 이어진다.

중국은 온통 빨강색이다. 행운을 상징한다고 하여 빨강색 천지다. 노랑색은 황금(금)을 나타내며 장례 때는 흰색을 주로 입는다고 한다. 중국의 지도 형상은 암탉의 형상과도 흡사하다. 자세히 보니 비슷한 것 같기도 하다. 정신없이 여기저기 여행을 하다 보니 몸살까지 겹쳐 여행의 묘미보다 피로 누적이 어깨를 누른다. 그래서 발 마사지, 전신 마사지를 다 해봐도 피로를 풀기에는 무리다. 너무 형식적이고 초보 수준이다.

여행이란 체험 속에서 느끼고, 즐기는 일이다. 넓은 땅 화려한 조명 아래 역동의 역사가 꿈틀거려 온 상하이의 전설과 피와 땀의 흔적들이 어둠 속에 명멸해 가는 걸 보면서 감동을 추억으로 간직하며 김해 국제공항으로 돌아온다. 내일도 밝은 해가 찬란히 떠오르겠지. 그러면 나는 아무 일 없듯이 일상으로 돌아가리라. 넓은 대륙에 끝없이 펼쳐진 평원를 달리듯 앞만 보며 달려가리라.

—《문장과 지역》 발표(2013)

대마도

구월 중순, 칼럼 취재차 대마도로 가기 위해 부산 국제여객터미널 하나투어 안내판으로 여권과 환전을 준비하여 미팅 장소로 나선다. 대마도 히타카츠 여객 터미널에 1시간 10분이면 도착한다고 하니 가까운 거리이다.

일본은 한국과 달리 차선이 반대이다. 운전석도 한국과 반대이고 집과 모든 구조 역시 목조에다 간단하고 작은 것이 특징이며 마당에 정원이 잘 꾸며져 있다. 근검 ,절약, 친절이 몸에 길들여진 나라이다.

가이드 따라 도착한 곳은 미우다 해수욕장이다. 쓰시마에서 보기 드문 모래로서 무엇보다 정갈하게 정돈되어 있는 바다다. 여행지에 나서는 내내 초가을 비가 내리기 시작하여 여행의 묘미를 더해준다. 여행이란 볼거리, 먹을거리, 살거리가 제공되어야 진정한 여행이라 했던가.

휴가차 나와 편안하게 여유를 즐기며 그동안 분주한 삶을 뒤돌아보는 시간이다. 무엇이 이렇게 질기게 나를 놓아주지 않고 한 치의 여유도 없게 하였는지 상념에 잠긴다. 한국은 정으로 사는 나라지만 일본은 친절로 사는 나라다. 고령의 나이에도 직장이 보장되어 살기 편한 일본, 그래서 국민소득이 높은 나라이기도 하다.

한국의 길조는 까치지만 일본의 길조는 우리와 반대로 까마귀이다. 우리나라에서는 까치가 울면 반가운 손님이 온다고 좋아하지만, 까치의 습성은 경계심이 많아 기억을 잘 못하는 특성이 있는 반면, 까마귀는 일본인들에게 신과 사람을 연결시켜주는 승리의 뜻을 가지고 있다 한다. 특히 머리가 좋다고 하여 길조로 여긴다.

대마도에는 편백, 삼나무, 대나무가 산 전체에 분포되어 있다. 활엽수 원시림이자 피톤치드 방출량이 많아 공기가 신선하다. 다음 코스는 한국 전망대이다. 한국 전망대에 올라서 보면 날씨 좋은 날은 부산까지 바라보이지만 비와 안개 때문에 오늘은 한 치 앞도 보이지 않는다.

길섶에 천연기념물로 정해진 쓰시마 야마네코(산 고양이)가 몸을 숨긴다. 일본에서는 왼손을 들고 있는 고양이 그림은 손님을 부르는 고양이이고, 오른손을 들고 있는 고양이는 돈벌이(재복)를 뜻하며 두 손을 다 들고 있는 고양이는 욕심쟁이 고양이를 뜻한다고 하니 참 재미있다. 한국은 용맹스러운 호랑이를 좋아하지만, 일본은 지혜로운 원숭이와 고양이를 좋아한다 하니 나라마다 또 다른 의미가 있으리라 생각한다.

대마도는 상마와 하마로 나누어져 있으며 큰 말 두 마리가 마주보는 형상과 비슷하다고 하여 대마도라고 하며 일본 말로는 쓰시마라 부른다. 어느새 와타즈미 신사에 도착이다. 도요타마 마치의 유래이기도 한 도요타마 히메노미 코토와 우미히코 신화로 알려진 돌기둥이 세워져 있다.

한국의 홍살문 같은 돌기둥들이 바다에 간격을 두고 서 있다. 돌기둥(도리이)는 만조일 때 최대 2m나 바닷물에 잠긴다고 한다. 일본은 토속신앙이 오래전 자리 잡아 불교영향을 많이 받았음을 알 수 있다.

미네마치 역사 민속자료관에는 고고, 민속자료를 전시하여 출토품들이 한국의 물건들과 다를 바가 없는 곳이다. 해상 교역이 활발하였던 것을 증명하고 있다. 그래서 한국 박물관에 와 있는 착각에 빠진다.

다음 코스는 한, 일 양국 교류의 상징인 조선통신사비, 임진왜란 이후 조선과의 국교 회복을 위해서 전력을 다하였고 그 결과 한, 일 우호의 지향점을 삼고 조선통신사비를 세웠다고 한다.

구한말 대유학자이며 구국 항일투쟁의 상징인 면암 최익현 선생은 을사조약이 체결되자 이를 반대하여 전라도 순창에서 의병을 일으켜 대마도 이즈하라에 유배되어 순국하게 된다. 훗날 선생의 넋을 기린 순국비이다.

식사 때마다 놀라움을 금치 못한다. 유치원 간식 같은 식단을 보면서 추가 시에는 엔을 더 지불해야 한다. 일본엔 공짜가 없다. 배불리 먹는 한국인들과 비교가 안 될 만큼 식습관이 깔끔하고 간단하여 다이어트 식단 같다.

한국에는 젊은 여자가 예쁘고 일본에는 할머니들이 예쁘다고 한다. 자기관리를 그만큼 철저하게 잘 한다는 결론이다. 차들도 소형차뿐이다. 시내를 돌아봐도 차들과 사람들을 많이 만날 수가 없다.

신호등마다 녹색등이 바뀔 때면 뻐꾸기와 새소리가 흘러나와 눈길을 끌었다. 조금 한숨을 돌리며 달리다 보니 섬의 가장 좁은 부분을 뚫어 인공해협을 만들은 만제키바시 다리가 나온다. 남해의 연륙교를 축소한 모양 같다. 아치 다리 아래로 바라보이는 수심이 아찔할 정도의 높은 곳이다.

만제키 운하가 흐르는 곳에서 잡자기 번지점프라도 타고 한 마리 새처럼 내려가 보고 싶은 충동이 인다. 바닷물이 어쩜 그렇게 색깔이 맑은지 한동안 매료되어 정신을 차릴 수가 없다. 만조 시의 조류는 여러 겹의 소용돌이가 일어나서 더 장관이라 한다.

비운의 역사 덕혜옹주비를 탐방한다. 한, 일 관계의 역사를 되짚어 보는 시간, 덕혜옹주는 조선왕조 26대 고종의 마지막 왕녀로서 고종이 60세에 얻은 옹주이다. 공주는 중전에서 낳은 딸을 공주라 하고 옹주는 나머지 아내에게서 낳은 딸을 옹주라 부른다. 왕자로 치면 서자인 셈이다. 1931년 5월 쓰시마번주 소다케유키 백작과 결혼을 하여 딸 하나가 있었다.

딸이 일찍 요절을 하자 그 여파로 정신이상이 생겨 이혼을 하게 된다. 그 후 귀국해 1989년 별세하였다. 두 사람의 결혼 축하비가 공원 모퉁이에 서 있다. 얼마 동안 유실이 되었다가 2001년 다시 발견되어 복원이 되었다고 한다. 세월은 흘렀지만 곳곳에 많은 이들의 흔적과 순국비들만이 가을비 속에 외로이 바다를 건너 돌아오지 못하고 서 있다.

비가 내려 더 쓸쓸해 보여 숙연해진다. 삼림욕장을 빗속 내내 우산을 받쳐 들고 도보길로 간다. 안개까지 자욱하여 묘한 분위기다. 한편의 영화 속 장면 같은 길을 돌아오면서 생각한다.

한국의 꽃은 무궁화요. 일본 꽃은 아직 없다. 흔히들 사쿠라인 줄 알지만 정해진 꽃이 없다보니 일본 국회의원 배지는 국화 문양의 배지를 달고 다닌다 하니 참으로 아이러니하다.

여행은 시간의 여유를 두고 천천히 돌아보며 볼거리를 느끼고 즐겨야 하지만 삶이 바빠서 그럴 여유도 많이 없으니 아쉬울 따름이다. 여행에서 항상 배우는 것은 낯선 곳의 지역적인 특징과 문화수준의 차이점을 체험할 수 있다는 점이다.

문득, 현지 가이드의 명언이 생각난다. 가슴 떨릴 때 여행을 많이 다니고 다리 떨릴 때는 여행을 다니지 마라는 소리가 귓가에 스친다. 집 떠나면 고생이지만 그래도 여행은 삶에 있어 에너지를 충전하기에 꼭 필요하다. 그래서일까? 편안한 여행과 달리 배낭여행, 사서 고생하는 무전여행까지 동경을 하게 된다.

—《문장과 지역》 발표(2013)

발 따라

마음이 심난하여 발 따라 나선다. 어디로 갈까나 무작정 떠돌다 김삿갓 방랑시인의 흔적 따라 발길이 닿은 영월, 유적지까지 왔다. 방랑시인의 풍자와 해학이 서려 있어 한시의 언문풍월이 풍류객을 사로잡는다. 초라한 무덤 하나 길목을 지키고 있다. 폐족의 자식이란 이유로 멸시했던 탓인지 술과 연관된 한시가 많다. 스스로 죄인이라면서 삿갓을 쓰고 살았다는 풍문이 어쩐지 더 가슴 아리게 한다.

요즘 조금은 자기주의로 사는 현대인에게 삶을 뒤돌아보게 하는 것 같아 무덤 앞에 술 한 잔 올리고 묵념의 예를 갖춘다.

다시 이동을 한다. 여기가 어디인가 민화박물관이다. 들어서니 오래된 군호도며 눈에 익은 그림들이 오랜 시간 외출을 접고 전시되어 방문객을 편안하게 맞이하며 압도한다. 모롱이 옆에는 숨은 듯 구름다리 하나 제법 볼거리를 제공하며 산줄기 위로 놓여 있다. 시원해서 잠시 쉬어가며 차 한 잔의 여유를 즐긴다. 갈 길이 멀어 조금은 지친 시간이다.

다시 청령포로 향한다. 아득히 바라보이는 단종의 유배지, 가까이 바라보이는 육지 속 섬처럼 느껴진다.

청령포는 단종이 정순왕후와 죽을 때까지 단 한 번도 만나지 못하고 연명하다 생을 마친, 슬픈 이야기가 깃들인 곳이다. 서러운 숲을 두고 줄 나루 사공들은 관광객들을 호객하며 바라본다. 갈 수 없는 무인도처럼 느껴져 애가 탈 지경이다. 단종의 넋이 어딘가에 서성이고 있을 숲 속을 두고 단종의 비애에 침묵하다 다시 발걸음을 옮긴다.

다음 목적지는 영남지방에서 가장 큰 폭포이며 소백산 등산 입구에 있는 희방폭포와 희방사. 등산로 따라 조금 올라가니 절벽 아래 떨어지는 물보라가 탄성을 자아내게 하는 절경 중에 절경이다. 천지가 물소리로 요란하여 폭포에서, 여행객들은 신선이 된 듯 감흥에 젖어 든다.

계단 위에 희방사 절도 아스라이 자리하고 있어 풍경 소리보다 더 풍성한 물소리가 바람 소리를 읽고 있다. 그 곁에는 물푸레나무가 무성하다 그래서일까 계곡물이 너무 맑고 청아한 푸른빛이라 계곡에 매료되어 눈을 뗄 수가 없다.

비가 간간이 내리는가 했더니 여우비 속으로 일곱 빛 무지개가 걸려 있다. 꿈인 듯 바라보다 일제히 아름다움의 극치에 환호성이다. 귀로의 길 문경새재 도립공원, 양반이 다녔던 문경관문을 지난다. 도자기 전시관에 이도다완의 은은한 빛깔이 여행의 참 묘미를 더해주며 넋을 놓게 만든다. 아쉬운 여정의 차창 밖에는 싱그러운 햇살과 바람이 살랑인다.

— 경남도민신문 진주성 칼럼(2012. 5. 29)

문학기행을 다녀와서

1.

장맛비 속 모롱이 길마다 꽃댕강꽃이 흐드러져 후끈한 7월의 강렬한 빗줄기를 맞고 있다. 목적지는 전남 장흥 천관산 문학관이다.

여러 지인들과 함께하는 여행, 새롭고 낯선 곳에 대한 동경의 하루가 시작된다. 장맛비가 시작된 지 사나흘, 간간이 태풍 같은 비바람까지 버스 창문에 미끄러지듯 붙었다 파도처럼 물러서곤 한다. 요즘 장맛비는 물 폭탄이라고 해도 과언이 아닐 정도로 한꺼번에 쏟아지는 특징을 갖고 있다. 지구온난화의 영향이라고 하는데 아닌 게 아니라 며칠 전 비로 전국적으로 십여 명이 넘는 인명피해가 났다. 아직까지 장마가 끝난 게 아닌 만큼 한번도 주변을 둘러보고 안전사고에 대비해야 할 것 같다.

빠르게 달리는 차 안 밀폐된 공간 사이로 에어컨 바람이 사람들의 열기에 데워져 여기저기를 돌다가 빠져나갈 통로를 기다리고 있다.

물안개를 끌어안은 숨 막힐 듯 다가오는 비 오는 날의 천관산은 지리산, 내장산, 월출산, 능가산과 더불어 호남 5대 명산 속에 속한다.

천관은 하나님의 면류관이라는 뜻이라 한다. 산자락이 품은 기암괴석의 모양새가 꼭 화려한 왕관 같다 해서 얻은 이름이다. 지리학에 조예가 깊었던 존재 위백규가 후학을 양성하며 지냈다는 장천재와 방천리 고인돌 군락지와 더불어 도립공원으로 지정되어 있다고 해설가님은 자기만의 목소리로 정성을 쏟는다.

산 남쪽에서 흐르는 천관산 문학관 줄기에는 산세가 웅장하고 계곡이 많은 곳으로 문학의 거목들이 다른 지역보다 많다고 한다. 전국 최초의 문화관광 기행 특구와 명품 마크를 달은 장흥은 다른 지역과 비교된 자랑거리임은 틀림없다.

산하에 현존하는 역사와 문화의 유적들은 선인들이 어떤 삶을 살아왔는지 설명해주는 증거물이자 좋은 자료이기도 하고 후세에 학술 자료인 셈이다.

진주에는 그런 내세울 만한 문학관 건립이 아직 조성되어 있지 않아 문인으로서 아쉬울 따름이다. 문인들의 위상이 드러나고 고차원의 삶의 질과 현장이 있는 문학관이 하루빨리 세워지기를 바래본다. 아쉬움은 시간을 자꾸 흘러가게 만들고 있다. 흐르는 게 안개뿐이랴. 구름뿐이랴. 시간뿐이랴.

장흥 문학하면 이청준, 한승원 선생님들의 시의 산맥들이 고스란히 숨 쉬는 작품들로 매잡이, 눈길, 천년학, 서편제, 퇴원, 새터말 사람들, 포구 등등 한국의 큰 획을 그은 문림의 향이다. 그래서 남도민의 한과 소리를 담아낸 인생들이 우거진 삼나무 숲만큼 아련히 책 향기를 내는 곳이기도 하다.

우중의 문학기행인 만큼 창밖의 풍경들이 순간순간 시심을 끌어내고 있다. 몽환적 기분에 젖어 들게까지 한 여행에서 맛보는 이 사실적 기분들이 오늘은 무엇보다 좋다. 함께 공유함으로서 장흥은 고풍스럽기까지 하다.

— 경남도민신문 진주성 칼럼(2011. 7. 11)

2.

소설가 한승원 선생님의 해산토굴로 향하는 골목 어귀에는 유난히 깨꽃들이 많이 피어나 있다. 해산토굴 가는 길에 종려나무 수백 그루가 양옆으로 도열해 있어 이국적 해안도로처럼 싱그럽다. 한승원은 1966년 신아일보 신춘문예에 〈가증스런 바다〉로 당선되었고 2년 후 또다시 대한일보에 〈목선〉이 당선되어 문단에 별처럼 등장해 고향인 장흥을 근원으로 하여 문학세계를 가지고 있다. 대학 때부터 공부한 불교사상은 〈아제아제 바라아제〉를 탄생하게 했으며 〈원효〉와 〈초의〉 그리고 〈피플 붓다〉까지 이어지는 문학 속 불교적 모티프의 여정을 만들어 내기도 한 거목이다. 그의 소설은 운명의 올가미에 한이 서린 존재의 근원을 반복적으로 길들이며 다루었다고 하면 과연 옳은 표현이 될까. 안양면은 생명력 넘치는 문학 세계의 터전이 되어 영화 흥행에 성공을 하였고, 장흥 바다가 가장 잘 보이는 언덕에 지금까지 제자들을 양성하며 살고 있는 이유란다. 바닷가의 삶을 신화화한 한승원은 민중의 삶을 절절하게 잘 풀어내어 독자로 하여금 감동을 주기도 한다.

우수를 머금은 염화미소拈華微笑가 있는 떠오르는 시편 하나가 갑자기 나를 못 견디게 흔들어온다.

종려나무 길 따라오신 당신께

한승원

종려나무길 따라
정남진 장흥 안양의 연꽃바다에
검은 댕기 두루미처럼
훨훨 날아오신
사랑하는 당신

(중략)

아, 얼마나 가련한 영혼의 울림인가. 나무의 목늬 같은 한마디 한마디가 심금을 울린다. 한승원 문학 교실에서 깜짝 특강 시간, 다기에 죽로차를 다려 대접한다. 입 안 가득 머금고 보니 그 죽로차 향기에 우주별들이 꼼지락거리다 몸속으로 춤을 추듯 비집고 들어온다. 한국의 차에 대해 이야기할 때 녹차는 일본식 표현이다. 보성 차는 일본에서 들어온 묘목을 기본으로 해서 보성의 차를 녹차라고 이른다. 중국 송나라 황산곡이 쓴 시가 뇌리에 스치며 생각나는 아침이다.

고요히 앉아 있는 곳에서는
차를 반쯤 우려냈을 때의
첫 향기 같고
오묘하게 움직일 때에는
물 흐르고 꽃 피는 듯

내가 만든 차 맛하고는 사뭇 다른 기운을 느끼며 세 잔을 마시고 나니 우주의 기운이 깃들어 빙빙 돌고 있다. 한승원 선생님의 특강 중 인간은 보는 것만큼 이야기할 수 있다는 명언을 기억하며 아쉬움을 순간 포착 사진으로 남기고 궂은비가 내리는 마을길로 타박타박 내려오려니 친절한 한 지인님 우산을 받쳐주는 훈훈한 인심의 팔목을 꼭 잡고서 버스에 오른다. 이곳을 먼저 다녀간 모 시인은 장흥을 두고 열애처럼 쏟아지는 끈적끈적한 소설의 비가 내리는 땅이라고 했을까. 남도의 맛깔난 오찬과 함께 다음 여정의 길로 향한다.

— 경남도민신문 진주성 칼럼(2011. 7. 19)

3.

한국 문학의 큰 산맥이며 깊은 골짜기 같은 소설가 미백 고故 이청준 생가로 이동 중이다. 우중여행, 관광차에서 다시 빗속으로 걸음을 옮기고 있다. 옷이 마를 만하면 비를 또다시 맞으며 구경 길을 나서다 보니 꼭 삶의 굴곡 같은 느낌을 받는다.

〈병신과 머저리〉의 소설 첫머리에 이런 내용을 생각하면서 진목 마을 골목길을 따라 걷는다.

> 화폭은 이 며칠 동안 조금도 메워지지 못한 채 넓게 나를 압도하고 있었다. 학생들이 돌아가 버린 화실은 조용해져 있었다. 나는 새 담배에 불을 붙였다. (중략).

아득한 생의 한가운데 마냥 동네 어귀에서 미로처럼 굽이치는 좁은 골목길 따라 비 오는 날 마른 삶을 더듬고 보고 있다.

도착하니 삶과 소설을 향한 향연, 입간판에는 '이청준, 하늘과 땅이 아득하여 앞이 보이지 않을 때 제일 먼저 보고 싶은 것의 하나가 이청준의 소설' 이라는 글귀가 감탄하게 만든다.

어렸을 때 아버지와 큰형, 아우의 죽음이 이청준을 문학의 길로 이끌었다고 한다. 태어나서 소년시절을 보낸 곳이자 소설 무대이기도 한 아랫동네 윗동네는 작품 속에 고스란히 남도민의 애환과 함께 그려져 있다. 그는 소설에서 정치, 사회적인 메커니즘과 그 횡포에 대한 인간 정신의 대결관계를 주로 형상화하고 있다. 그래서일까. 언어의 진실과 말의 자유에 대한 그의 집착은 이른바 언어 사회적 관심으로 심화되었다고 볼 수 있는 것 같다.

이청준님의 소설 〈선학동 나그네〉 중에는

> 옛부터 기이한 이야기가 한 가지 전해오고 있었다. 그 이야기는 포구 한쪽에 자리 잡은 선학동의 뒷산이 법승의 자태를 닮고 있는데서 연유가 된 것이다. 그래서 선학동 마을은 그 법승의 장삼 자락에 안겨든 형국인데다가 마을 앞 포구에 밀물이 차오르면 관음봉 쪽 산심의 어디선가로부터 법승이 북을 울려 대는 듯한 신기한 지령음이 물 건너 돌고개 일대까지 들려오곤 한 전설은 비상학의 형상 전설의 묘미를 더 충동질한다.

그래서인지 이청준 소설은 오래전 읽고도 또 읽게 하는 마력을 지니고 있는 것 같다. 금방이라도 생가 안채에서 어서들 오시게 하며 헛기침으로 나와서 맞이할 것 같은 시골집의 정겨움과 장독대도 잠시 물러두고. 갈 길은 멀고 날은 어둑어둑해진다.

진주로 가는 길은 길기만 해서 우중 여행의 걱정도 앞선다. 그러는 사이 어느새 섬진강 휴게소를 버스는 지나고 있다. 하루가 빗속에 적막을 앞세우고 기운다. 다음 해를 기약하면서 작별로 악수를 청하고 있는 지인들. 우산 속에 하나둘씩 바람처럼 사라져 멀어져 가고 있다. 내리는 비가 야속해 몇몇 남은 아쉬운 지인들은 인근 식당에서 저녁과 반주 잔을 들고 하루의 행복을 마무리하며 아쉬움을 달래다 밤의 깊이 속으로 또다시 멀어진다. 기약도 없이. 내리는 비처럼.

— 경남도민신문 진주성 칼럼(2011. 7. 25)

섬과 섬이 이어지는 홍도

가을 들녘은 온통 결실로 분주합니다. 찬바람 더 거칠어지기 전 만추 여행길 한번쯤 생각하다 지인과 부부 동반으로 바다 스케치 떠날 준비를 합니다. 늘 돌아오는 계절에는 충실할 거라 생각 먼저 앞섰지만, 그동안 이사를 준비하느라 정신이 없었습니다. 포장이사를 하였지만 이십 년 넘게 모아온 낡은 골동품 살림식구가 늘어 또다시 일 년 만에 집을 바꾸면서 여간 골치 아픈 게 아니었습니다.

그래서 부피가 큰 것과 덩치가 큰 놈은 모 예술촌과 학교에 기증을 하고 소품들만 옮겨 오다보니 한동안의 이삿짐 정리가 늦어졌습니다. 조금 마음의 여유도 가질 시간이 필요해서 나선 여행길, 남편 직장 동료 부부 팀들이라 절친하여 편한 마음으로 여수 향일암으로 향합니다. 달리는 차창 밖에는 어느새 와버린 만추의 쑥부쟁이 꽃들과 억새 흐드러진 둑길에는 눈요기 유혹거리가 많습니다. 여름날 무성한 잎을 달아낸 조선 호박꽃, 진저리 치게 피웠을 호박꽃도 이제는 줄기에 난데없는 바람이 들어 늙어 있는 모습을 보니 가슴 한구석 먹먹해지는 순간입니다. 누군가가 이런 농담을 합니다. 늙어서 좋은 것은 호박밖에 없다고 우스갯소리를 하지만, 세월 흘러 고운 것이 뭐가 있을까요.

간밤 마른하늘 천둥 소리 몰고 오더니 이내 가을비가 밤새워 내리고 바람이 사납게 웅성거려서 애당초 흑산도와 홍도가 목적지였는데 목포 여객연안터미널에 전화를 거니 파도에 배가 움직일 수가 없다는 소리에 무작정 여수로 달려봅니다. 몇 해 전과 달리 향일암 입구에서 차량 통제를 하는 바람에 일행들은 차에서 내려 산보로 총총 걸어 향일암을 향하다 두 편이 갈라집니다. 갓김치와 막걸리 유혹에 빠진 팀과, 향일암 정상을 향한 팀!

여수 향일암은 해를 향한 암자라는 뜻을 지닌 한국의 4대 관음 기도처 중 하나로 무성한 동백나무와 금오산 주변의 기암괴석이 조화를 이루어 이름값을 톡톡히 해내는 도량이지요. 언제나 여행을 하다보면 눈길과 발길이 사로잡히는 곳, 지천에 널려 있기 마련입니다.

호젓한 산길에서 만난 도토리와 솔방울이 하도 올망졸망하여 딸에게 선물로 주려고 가방에 슬쩍 담아봅니다. 별스럽지 않는 도토리 한 알, 솔방울 한 개, 뭐 대수냐 하지만 여행을 하면서 가는 곳마다 흔적 하나씩 가지고 와서 아이들에게 선물해 주는 쏠쏠한 재미도 한몫 하지요. 그래서 사정없이 자연을 안고 옵니다.

어느새 눈앞에 목적지를 알리는 안내문이 큼직하게 줄서 있습니다. 목포 하면 1940년 패전 말기에 몰린 일제는 부족한 군수 물자를 충당하기 위해 놋그릇, 놋수저마저 가지고 갔으며 젊은이들은 총알받이로 징병 가야 했으며 처녀들은 위안부로, 나이 든 남자들은 징용으로 끌고 간 애환이 절절한 곳이기도 하지요. 그래서 이난영 여사의 목포의 눈물이 유명해지기도 한 곳입니다.

유달산 자락에 눈길을 돌리니 붉은 남천 열매가 흐드러지게 달려 있어 산호수(사랑의 열매)를 보는 듯합니다. 그러는 동안 목포여객터미널 근처에 여장을 풀기로 하여 지인들은 저녁 만찬과 흥미로운 목포의 눈물 노래로 노래방 밤이 익어 갑니다. 다음 날 아침 7시 30분 첫배를 타고 홍도로 출발입니다. 시간 소요는 2시간 30분 정도라 하여 자리에 앉아 간밤 소담을 나누고 있는데 쾌속선 유리창 밖에는 성난 파도가 거칠어 시야에 미끄러집니다. 무서워 눈을 감은 순간 배 안 여기저기에서 뱃멀미를 하는 사람들로 소란스럽고 혼잡하여 정신이 없었습니다.

여기가 홍도라

말로만 듣던 홍도 여행길

목포에서 쾌속선 타고 두 시간 삼십 분
연신 기분 벙글벙글하였더니
시커먼 파도 밀려와 아수라장
얼굴 노랗다 못해 창백하게 질린 풍류객
다들 이제 죽었구나
이 뱃길 왜 왔나
후회하던 참 도착이라
여기가 그 이름 유명한 홍도라
수없이 다가서는 섬 냄새
숨 막히는 선착장 생 저편 보고 있자니
건성건성 하루 삶 다그치는 아낙들
염분 냄새 절인 섬 나들이

한수 시로 멀미를 달래 봅니다.

홍도는 해질 무렵 섬전체가 붉게 물든다 하여 홍도라 부른다고 합니다. 섬 전체가 홍갈색을 띤 규암질의 바위섬으로 이루어져 있어 전설과 기묘한 형상을 간직한 기암과 20여 개의 무인도와 깎아지른 절벽들은 오랜 풍파로 바람 없는 날은 바닷속, 십미터까지 들여다보이는 신비한 경관이 연출된다고 하니 아름다움의 비경은 극치라 해도 과언이 아닌 것 같습니다.

다시 유람선으로 홍도 10경을 보기 위해 나섭니다. 오픈된 유람선에는 유람선 해설사가 있어 전설까지 재미있게 들려줍니다. 남문바위, 실금리굴, 석화굴, 탑섬, 만물상, 슬픈여, 부부탑, 독립문 바위, 거북바위, 공작새 바위, 그렇게 구구절절 전설을 등에 업고서 위엄 있게 솟아 침묵하고 있습니다. 홍도 바다가 어쩐지 명경알처럼 맑아 제 마음도 밝아져 감탄이 절로 쏟아집니다.

잠시 저쪽에서 통통배 하나가 접선을 합니다. 알콜 부족인 관광객들에게 싱싱한 횟감과 소주를 즉석에서 사서 드실 수 있는 기회가 주어지는 시간입니다. 삽시간에 술 고픈 방랑자들 눈빛에 총기가 돌아 깜짝 어시장을 연상하게 합니다. 저는 유심히 관찰하며 즐깁니다. 졸다가 술이라는 소리에 휘파람을 불며 발광하는 아저씨와 팔자걸음 삐뚤거리는 중년이 넘은 여인, 술잔 속에 웃음이 넘치는 소리, 참 어지러워도 사람 사는 재미는 이런 것인가 생각이 순간 밀려옵니다. 그래서 우리 지인들은 저더러 술상 대신 시를 한상 즉석에서 차려보라 하십니다.

사는 재미

사는 재미 별거냐고 묻거든 대답하지요
이런 날 이런 전설도 한잔 술이 된다고
사는 재미 별거냐고 다시 묻거든
이렇게 또 대답하지요
일장춘몽 한낮 꿈일지라도

무릉도원 내사 부러울 것 없다고 화답하지요

갑갑한 마음 한수 시로 달래고 나니 어느새 서산 모롱이 해가 기웁니다. 이제는 돌아가야 하는 길 선착장으로 뱃길을 돌리며 도선장으로 향합니다. 종일 배만 타다 돌아서는 길, 다행히 파도가 잠잠하여 함께 여행한 이들의 환호 소리에 밤이 기울어집니다. 항구의 여행은 언제나 설렘도 있지만 뜻하지 않는 재난도 있는 법입니다. 원기회복 차원에서 홍어와 탁주로 허기진 저녁을 차려놓고 1박 2일의 짜릿하고 험난한 뱃멀미 진풍경들을 대폿잔에 담아 건배를 외치며 멀어졌습니다.

계절 깊어 갈수록 쓸쓸하고 외롭다는 생각이 들지만 문명을 뛰어넘어 추억거리가 가슴에 남아 있어 이 가을 결코 외롭지만은 않을 것 같습니다. 가을 타서 노을이 더 붉게 타 보이는 섬, 홍도여 고독해 하지 마시라. 그리고 영원하시라.

— 경남도민신문(2011. 3. 15)

진주 화요문학 문학기행

1. 봄날은 간다

꽃 몸살을 앓다가 절정의 봄날 속으로 진주화요문학회 회원들과 격정의 테마 속으로 떠난다. 목적지는 경주다. 가는 길목 봉화마을 고故 노무현 대통령 묘역으로 향했다. 생가에는 조팝, 이팝꽃 흐드러진 봄날이지만 왜 그런지 썰렁하기 짝이 없다. 병풍처럼 둘러싸인 부엉이바위 사자바위가 무섭게 응시하며 방문객들을 반긴다. 무슨 말이 더 필요하리. 화원들은 묵념의 예를 갖추고 돌아 나온다. 발길은 한없이 무겁고 서럽기 짝이 없다.

故 노무현 대통령 묘역에서

박석에 새긴 애도 한 줄

빼저린 슬픈 눈물 시입니다
고독한 너럭바위 하나
멍에 되어 섬기시는 이곳
주인 잃은 생가
조팝, 이팝꽃 흐드러져
기약 없이 봄 만발하였습니다
당신 안 계신 절정의 봄
서럽도록 쓸쓸합니다

경주로 향하는 차창 안에서 듣는 심수봉의 명곡 〈봄날은 간다〉는 눈시울 젖게 한다. 화창한 날씨 속에 상춘객들은 인산인해다. 주상절리 가는 길목은 차들로 줄을 서서 정체가 되고 거북이걸음으로 느림보 운행이다. 얼마를 달리고 달렸던가. 눈앞에 바닷가가 보인다. 파도 소리를 들으니 마음은 경쾌하고 풍성해져 행복에 젖는다. 천도의 마그마 분출로 만들어진 주상절리는 장관 중에 장관이다. 천년의 기념물답게 바다 전체에 분포되어 보는 이로 하여금 감탄을 하게 한다.

주상절리 파도 소리 길

이글거리는 용암
흐른들 변치 말자
그 언약 파도 소리

부서질 수 있으리
가슴 언저리 어느 해
몰래 들어와 숨어 산 당신
수천 물길
별빛 갈라놓은 밤마다
그리워 수척하게
절리 하나 세워 놓고
무심히 돌아갔었지
무너진 가슴 틈마다
불기둥 오를 때도
찬 가슴 열지 않았지
햇살 따사로운 오후
누워 있는 주상절리 곁
절창 영혼 하나
돌아가지 못하고
파도 베고 수절하네

2. 벚꽃 휘날리는 감포 바닷가

감포 바닷가에는 대왕암이 있다. 해중릉인 문무대왕릉은 문무왕이 죽은 뒤, 용이 되어 동해를 지키며 왜적을 막겠다는 유언에 따라 만든 것으로 그래서인지 한동안 왜적의 침입이 멎었다고 한다. 또 다른 이름으로는 대왕바위라고도 한다.

대왕암

아직도 그렇게 차가운 물속에서
나라 걱정하고 계십니까
세월 수없이 흘러 세상 바뀌었습니다
꽃 피고 동박새 우는 지상으로 나오셔서
꽃놀이 향연이나 펼쳐봅시다

다음 코스는 감은사지 절터로 향한다. 삼국유사에 문무왕이 왜병을 진압하기 위해 역사를 시작했지만 중도에 죽자 그의 아들 신문왕이 즉위해 해룡이 된 문무왕의 혼이 서리도록 금당의 기단 아래에 동향한 구멍을 두어 감은사를 지었다. 신문왕이 부왕의 호국충정에 감사의 뜻으로 감은사로 고쳐 불렀다고 한다. 통일신라시대의 절터지만 기발한 아이디어와 충정이 담긴 절이라 그런지 삼층석탑 두 개 역시 웅장해서 예사롭지 않다.

3. 우담바라의 전설 속으로

기림사는 신라 선덕여왕 때 인도의 스님 광유가 세워 임정사라 불렀고 그 뒤 원효대사가 기림사로 바꾸었다고 한다. 이 절은 천년에 한번 핀다는 우담바라가 있었다는 전설이 서린 곳이다. 사람 인人자 모양의 맞배지붕 장식이 보물을 말해주고 있다. 우담바라의 흔적을 찾다가 법당에서 삼배를 올린다. 다른 절과 달리 삼천여 개의 작은 나한전을 보면서 더욱 엄숙해서 자세를 낮추고 정성껏 기도를 한다. 색 바랜 단청 절집을 돌아 나오다 외로운 자줏빛 얼레지꽃 한 송이 시선을 압도하며 발걸음을 잡는다. 종처럼 고개 숙여 함초롬히 피어 해질녘 애잔함을 더해 준다.

기림사

무슨 연유인지 지워진 단청마다 전설 살고 있고
뜰 앞 수선화 꽃떨기에도 묵언 꽃 피워놓았다
천년 세월 우담바라 볼 길 없어 애석하지만
절절한 사연마다 서로 기대어 사람 인人자로 의지하네

4. 함월산 골굴사의 쇄석 종소리

선무도 화랑사관학교인 골굴사, 선무도는 부처님의 가르침인 아나파나시티라는 호흡법을 중심으로 해서 몸과 마음의 조화를 통해 참다운 깨달음을 얻는 참선수행법이다. 그중 명상, 선 요가, 선 기공, 선 체조, 선 무술 등 선을 행선이라 한다. 그래서 심신을 맑게 하고 체질 개선과 정신건강을 위해 명상에 참선 수련하는 이들의 학교인 셈이다.

들어가는 입구부터 예사롭지 않다. 선무도 동작을 하고 있는 흉상들이 즐비해서 중국의 소림사에 와 있는 착각 속에 빠진다. 함월산 석굴사원에서 저녁 쇄석 종소리가 울린다. 종소리를 들으니 심신이 고요해져 무엇에 홀린 듯 저 높은 벼랑 위 법당과 묘사로 올라가고 있다. 또다시 합장을 하며 성불의 복된 인연을 지을 수 있는 좋은 인연처로 거듭나게 빌고 있다.

저녁 6시에 울리는 산사의 종소리에 삼라만상의 언어와 사유가 고요히 정리가 되면서 올라갔던 발걸음을 내려놓으며 깨달음 하나 고뇌 속으로 숙성하여 담고 내려온다. 어둑어둑 내려오는 땅거미 속으로 진달래 연분홍 봄날은 그렇게 흘러간다.

—《문장과 지역》 발표(2013)

시가 청량산으로 가다

— 문학기행을 다녀와서

인동초 피어난 유월 초순 의령

문인협회 문학기행을 가기 위해 진주에서 의령 집결 장소로 향했다. 유월의 싱그러운 햇살은 아침부터 미풍으로 불어와 여행하기 좋은 날씨를 내주고 있었다. 이번 주요 행선지는 경상북도의 여러 문학관과 서원들을 두루 둘러보고 오는 코스였다. 의령에 도착하니 몇몇 회원들이 먼저 와 기다리고 있었고, 잠시 후 14명 회원들이 봉고차에 탑승해 남해고속도로로 출발을 하였다. 회장님을 비롯하여 여러 회원님들은 약간 상기된 듯 표정들이 밝아 보인다. 항상 낯선 곳을 여행한다는 건 긴장과 동경이다. 차창 밖 풍경들은 어디를 가나 한국의 주택은 꼭 이웃집처럼 고만고만하고 소박하여 멀리 떠나고 있음을 잊게 해준다. 벌써부터 봉고차 안은 재치 있는 담소로 소란스럽다.

얼마나 왔을까? 안동이다. 안동 찜닭을 점심메뉴로 정했다. 식당을 찾아보았지만 안동에는 정작 안동 찜닭 간판들이 눈에 들어오지 않았다. 그래서 결국 작은 골목의 간판에 이끌려 들어간 곳은 안동 찜닭도 닭도리탕도 아닌 것으로 점심을 해결하고 목적지로 향했다.

도산서원에 도착하니 서원 입구 굽이치는 강줄기와 함께 기린초가 만발한 작은 산책로 따라 도산서원이 자리를 잡고 있다. 퇴계 이황 선생을 향사하던 곳, 학문 연구와 인격 도야를 하다 타계하자 문인들이 서당 자리에다 서원을 건립하여 장서와 장판 및 이황의 유품들이 있었던 곳이라 하면서 혼천의와 투호 설명까지 문화관광 해설사의 간드러진 화술로 설명이 이어진다. 그 앞뜰 연못에는 수련들이 물 위에 떠서 선비들의 절개와 위풍을 말해주고 있었고 학문에 열중하다 머리를 식혔을 법한 자연의 벗이 뜰로 이어져 있었다.

퇴계 종택으로 이동하고 있다.

퇴계 선생의 영손 동암공이 한서암 남쪽에 지은 가옥으로 1907년 왜병의 방화로 두 곳 종택이 다 불타버려 하정공이 이곳에 세거하던 중 정자인 추월한수정과 옛 건물을 재건하게 되어 ㅁ자 형태의 34칸으로 문화재로 지정되어 있다. 옛 가옥들은 여전하다. 세월의 풍파 속에서도 후손들은 텃밭을 일구고 퇴계 이황 선생의 흔적과 업적을 기리며 살고 있었다. 관람 후 돌아 나오는 입구에서 산책하고 오는 노부부를 만났다. 종택과 닮아 있는 인자한 인품을 뒤로하고 도산면 원천리에 이육사 문학관으로 발길을 옮기고 있었다.

육사 탄신 100주년을 맞이하여 2004년 7월에 개관을 한 곳으로 육사 선생의 흉상과 친필원고와 시집과 시화들이 이층 건물에 정갈하게 마련되어 있고, 청포도 시낭송과 스크린 영상으로 일행들을 맞이해 주었다. 연못 옆 청포도 샘이 있어 목을 축이며 하늘을 한번 올려다보니 수인번호 64를 입은 시인 한 분 내려다보며 빙그레 웃음 짓는 듯하다.

황혼, 시 한 구절을 낭송해 달라 손을 잡는다. 내 골방의 커텐을 걷고 정성된 마음으로 황혼을 맞아드리노니… 한 소절 흥얼흥얼, 청포도 시까지 중얼거려보다 기념촬영을 하고 다음 행선지 가송리 올미제로 향한다.

조선 중종 때 문장가인 농암 이현보 선생의 농암 종택으로 가다 보니 낙동강 상류 청량산 자락 가송리는 산촌과 강촌, 소나무가 있는 서정적이고 목가적인 마을이다. 이웃에 국한 진흥원, 오천유적지, 도산온천 등등 유적들이 있고 가송리는 협곡을 끼고 흐르는 낙동강 700리 가운데 아주 단애한 비경을 고즈넉하게 볼 수 있는 곳이다. 강을 따라 흐르는 물이 맑고 깨끗해 금방이라도 물속으로 첨벙 들어가고 싶은 유혹에 사로잡히는 절경을 보면서 시인들은 감탄을 하며 연신 할 말을 잃고 있다. 이른바 도산 9곡의 경치를 보고 무슨 더 할 말이 있으리오. 둘러보니 민박으로 대여를 하고 있어 명색이 종택의 이미지가 조금은 상업적이라 개운하지 않았고, 마당 곳곳에서 벌어지는 삼겹살 파티로 목조건물의 실상과 어울리지 않는 한옥 펜션 건물이라고 생각을 하다 숙소로 돌아왔다.

래프팅으로 유명한 관장리 강변 민박으로 봉고차는 열심히 윤재환 회장님과 한삼수 회원님의 교대 운전으로 달려간다. 어느새 하루가 기울고 석양이 내리기 시작하여 노을이 차창 밖에서 일행들을 따라 오고 있다. 이글거리는 붉은 석양 탓인지 피곤함이 밀려온다. 그러는 사이 강변 쪽 민박집에 도착을 했다. 잠시 후 민박집에서 준비해놓은 조촐한 저녁을 청하고 이층 숙소 베란다에서 삼겹살 파티가 이어진다. 낯선 도회지의 저녁은 강바람이 차갑게 느껴진다. 하루 일정을 마치고 여행에서 맛보는 파티는 새로운 분위기로 업시킨다. 야채와 고기가 있으니 건배 소리가 고요를 깬다. 그렇게 시간은 흘러 전 회원들의 시 낭송 차례가 왔다. 김영곤 회원님의 능란한 사회로 진행되어 재미가 쏠쏠할 즈음, 회장님과 한삼수 시인의 하모니카 연주에 밤은 내일을 향해 익어가고 있었다. 내일이면 아침 산행이 준비되어 있기에 희망자만 새벽 5시에 출발한다. 그러기 위해서는 잠을 청해야 한다. 얼마나 잤을까?

부산한 아침 햇살이 창문을 기웃거리고 산행을 준비하는 회원들 소리에 잠을 깼다. 청량산 입구에서 봉고차로 약 10분 정도 소요되는 거리다. 청량산 중턱쯤 청량사가 있다고 해서 아무 생각 없이 올려다보니 기이한 절벽이 숨을 턱 막는다. 해발

870m태백산맥의 줄기인 중앙산맥의 안개에 쌓인 산 정상이 마치 영화의 한 장면처럼 아득하다. 순간 돌아갈까 하고 겁이 난다. 최고봉인 장인봉, 선학봉, 축융봉, 경일봉, 연적봉, 연화봉, 탁필봉, 향로봉 등 12개 고봉이 치솟아 있는 곳이다. 회원을 따라 가다 말고 줄딸기가 탐스럽게 핀 곳을 보고 감탄을 하니 명자 선배가 줄딸기는 약이라며 따준다. 몇 개를 입안에 넣으니 입안에 신물이 고여 생기가 넘친다.

가도 가도 절벽으로 연결되는 순간, 무엇을 잘못하여 저승사자에게 끌려가는 느낌이 든다. 왜일까? 다른 회원들은 아직 잠을 청하고 있는데 나는 왜 이런 고행를 자처하며 후회하면서 즐기고 있는 걸까? 생각하다 앞을 보니 눈에 들어오는 절이 바로 청량사란다.

어느 절을 가본들 이처럼 단아할까? 한눈을 팔 수 없다. 웅장한 탑과 약사여래좌상, 유리보전법당, 고행을 자처한 나는 이 순간 너무 편안해서 정말 잘 왔다는 생각이 들어 두 손으로 합장을 하며 감사기도를 올리고 있다. 이윽고 샘물 한 바가지로 고뇌를 벌컥벌컥 삼키고 돌아서서 다시 청량산으로 오르다. 시 몇 소절이 꼼지락거린다.

청량사

여명 속 기이한 절벽 아스라합니다

발길 부여잡고 오른 산사, 탑 아래 약사여래좌상 이슬 맞고 참선하며 앉았습니다

몰래 두 손 모아 봅니다

공양주 한 분 까닭 모를 죄업 아침마다 쓸어 내고 있습니다

떠나지 못한 헐벗은 영혼들 절 마당 돌계단 웅크리고 있습니다

밤새 통곡이라도 하였는지 앞뜰 지나니 눈물 냄새 훅 스칩니다

유리보전 법당은 아직 불경 소리 내보내지 않고 있네요

갈 길 멀어 염원도 부탁도 하지 못하고 아득히 또 산을 오릅니다

이제 용기를 내어 한 걸음 한걸음 마음을 비우면서 오른다. 가히 남성 산처럼 거칠어 갈수록 묘미를 전율로 느낀다. 혼자 숨이 목까지 차서 헐떡이니 회장님이 손을 잡고 오른다. 그러는 사이 신선이 살았을 법한 자소봉 정상에 도착하여 모두 야호를 외친다. 자욱한 운무에 쌓인 나는 고고한 학처럼 자연의 웅장함과 절벽 풍광에 반해 신선한 공기를 마시며 살아 있음을 행복해하고 있다. 그래 그 아스라한 절벽도 가면 못 갈 이유가 없음이야 하면서. 천 갈래 만 갈래 길 내리막을 내려오다 길도 잃고 난처해하다 결국 하산을 하였다. 아침식사를 다들 맛나게 하는데도 입맛이 없어 많이 들지 못하고 오늘 새로운 행선지로 가야 한다. 다들 산행에서 지쳤을 법한데 모두 건강미 넘친다.

다음 갈 곳은 영양군 지훈문학관 및 생가, 조치훈은 대표적인

청록파 시인이자 국문학자로 지조 있고 풍류 있는 인물이다. 문학관에는 청록집 관련 자료들, 격정의 현대사 속에 남긴 발자취, 시청각 전시실, 육성 테이프 등 여러 가지가 소장되어 있었으며 특히 눈에 들어오는 건 그의 아내 김난희 여사의 작품, 그림과 서예도 함께 전시되어 있어 그의 지순한 삶을 엿볼 수 있었다. 탐방로 시공원도 잘 꾸며져 있었지만 공원에 시비가 너무 많아 어지러워 보였다.

회원들은 출출해 한다. 그래서 영덕으로 가서 대게를 점심으로 시켜놓고 여유로운 표정이다. 조금은 지친 얼굴들도 보인다. 그래도 즐거운 기행이라 생각하면서 반주를 한 잔씩 곁들인다. 얼굴 혈색이 도화색으로 피어나는 회원도 있고 창백한 얼굴도 있다. 한 회원은 못물 이야기를 내내 꺼낸다. 못물을 열어놓고 왔는데 걱정하다 한잔, 의령에 가면 동네 어르신들께 혼난다고 한잔, 하다보니 비몽사몽이다. 모두가 그 회원으로 인해 박장대소로 환하다. 낮술의 취기는 대단하다. 마지막 코스가 남았다. 월포 해수욕장으로 가고 있다. 흰 갈매기가 가득하고 백사장 길이가 길어 50,000명이 동시에 들어갈 수 있는 곳, 수심이 얕아서 어린아이도 안전하게 놀 수 있는 곳이라 한다. 그 곁에는 삼림욕을 할 수 있는 솔밭도 있다 한다. 차에서 내려 회원들은 자연으로 돌아가 동심의 세계를 향해 뛰고 걷고 사색에 휩싸인다. 치약 거품 문 파도가 시원하다 못해 청아하다.

바다 풍경을 뒤로하고 의령으로 향해 귀로로 접어든다. 저녁이 또다시 어둠을 준비를 하고 있다. 1박 2일 짧지만 알찬 기행에 대한 아쉬움을 안고 의령에 무사히 도착하였다. 각자 짐을 꾸리는 모습은 아쉬운 듯 보인다. 문학기행 내내 피곤한 운전을 마다하지 않고 해주신 두 분 이하 회원님들 단합으로 안전하게 여행을 마치고 돌아옴을 자축하면서, 여행은 살아가면서 새로운 기와 견문과 지식을 차곡차곡 느껴보고 오는 것 같다. 먼 훗날 아름다운 여정으로 남을 의령문인협회 2007년 문학기행을 기억하며 웃는 그날을 위하여….

—《의령문학》 발표(2007)

강원도 문학기행을 다녀와서

지난 26일 토요일 문학회에서 1박 2일 강원도 문학기행이 있었다. 너무 장거리라 사실 망설이다 참여하기로 하였다. 막바지 무더위가 소낙비를 몰고 다니는 8월 하순, 이른 아침부터 집결장소에 모여 회원들은 봉고차로 출발한다, 차창 밖을 보니 아직도 잠에서 깨어나지 못한 싱그러운 들판은 이슬을 머금은 아침을 선물한다.

약 4시간 후 도착한 의성 등운산에 위치한 고운사, 동네와 아득하게 떨어져 있는 곳이라 큰맘 먹고 가지 않으면 평생 가기 힘든 절이라 한다. 의상이 창건하여 대한불교 조계종 16교구 본사이기도 한 곳에 경상북도 유형문화재답게 화려한 두광과 신광 안에 보상당 초무늬와 불꽃무늬가 통일신라 후기의 유행에 민감하게 조화되어 있었으며, 특히 나한전의 16님들의 익살스러운 모습과 도를 넘어선 얼굴상이 재미로 다가온 것도 뒤로하고 멀어져 가야만 했다.

이곳은 유난히 칡꽃 향기가 드리운 곳이다. 보라색 등나무 꽃과 아주 흡사한 칡꽃을 한 주먹 따와 차 안까지 향을 즐기며 이동하다보니 끝없이 이어지는 풋사과 밭들이 입안에 신물을 고이게 한다.

코스도 모르고 따라나선 일행들 앞에, 또 다른 안동 봉정사가 눈앞에 웅장하게 펼쳐진다. 봉정사는 의상대사 제자 능인스님이 창건한 사찰로, 능인대사가 젊었을 때 대방산 바위굴에 도를 닦다 도력에 감복한 천상선녀가 하늘에서 등불을 굴 안으로 환하게 밝혔다 하여 천등산이라 칭하고, 종이봉황을 날리다 떨어진 곳이라 하여 봉정사라 명명한 전설이 서린 사찰이다. 고려 태조와 공민왕, 최근에는 영국 여왕까지 다녀간 곳이라 하여 불자와 관광객의 발길이 줄을 잇고 있는 곳이다.

녹음으로 우거진 사찰은 요란한 매미 소리로 가득 자지러지고 있었고, 나뭇가지를 향해 올려다보니 소나무들이 하늘을 가려 더운 날씨인데도 시원해서 잠시 돌계단 위에 앉아 무상에 사로잡힌 나에게 시 한 수가 발끝에서 스멀스멀 기어오른다.

여기가 양반 고장 안동 어디쯤이란 말인가
무릉도원 따로 없는 극락전 앞
간 작은 영혼 하나 극락전을 들어가려다 망설이고

육체 우주 묻혀 돌계단 이끼에 반하여
발걸음 밀어넣지 못하고 앉았는데
이것이 진정 꿈이란 말인가.

일행들의 웃음소리에 정신을 차려보니, 진정 꿈이 아니고 생시라는 걸 알고 봉정사를 뒤로 두고 다음 여행지로 가는 길에 계속 사과 푸른 밭만 시야에 들어와 걸려 있다. 이때 뭇 시인들이 못살게 노래한 영주 부석사에 도착하여 차에서 내려 보니, 책에서만 보던 의상과 선묘창건에 관한 설화의 뜬 돌이며, 녹유전 선비화가 바로 실감나게 바라보인다. 경내에 있는 무량수전은 국보답게 자기 자리를 지키고 있었고, 그 곁에 한 무리 시선을 잡는 상사화 꽃, 의상을 사모하다 상사화가 되기라도 한 선묘의 꽃은 아닌지 한동안 구경도 접고 복잡한 감정에 사로잡히다 능선을 바라본다. 확 트인 산자락이 가슴을 시원하게 풀어준다. 조사당 벽면에 그려진 고려시대 희미한 벽화를 감상하다 말고 회원 모두 기념촬영을 하고 나니 부석사 스님의 정성이 담긴 차 대접 배려에, 세상 상념이 사라지는 순간이다. 일행 중 한 분 샘 덕분에 입안 은은한 고목 차향기로 과분한 대접까지 받고 또 다른 길로 발걸음이 힘차다.

얼마를 달렸을까? 영월 김삿갓 유적지까지 왔다. 방랑시인 김삿갓의 풍자와 해학이 한시와 교묘히 언문풍월로 남아 아담한 무덤으로 가는 길목을 지키고 있었다. 폐족의 자식이라 멸시 했던 탓인지 술과 연관된 한시가 많았고 스스로 죄인이라면서 삿갓을 쓰고 살았다는 풍문이 조금은 자기주의로 사는 현대인에게 삶을 뒤돌아보게 하여 무덤 앞에 회원 모두 묵념으로 이어지고, 위로라도 하듯이 계곡에 서서 비수처럼 다가오는 의미심장한 정열에 맥주 한 캔으로 가슴을 달래고 자리를 옮겼다.

숨가쁘게 우리 일행을 태운 봉고차는 잘도 다음 목적지에 지도책 하나와 이정표로 우리를 안내한다. 여기가 어디인가 민화박물관에 들어서니 군호도며 눈에 익은 그림들이 전시되어 위풍당당하게 방문객을 맞이하며 안내까지 한다. 그 모롱이에 숨은 듯 구름다리 하나 제법 볼거리를 제공하며 산 물줄기 위로 놓여 있다. 시원하게 흘러나오는 물소리에 저녁나절은 식어가고 조금 돌아서 나와 보니, 장령 청령포가 바라보인다.

입장시간이 끝나 표를 구입할 수 없었지만 단종의 유배지 가까이 바라보이는 육지 속 섬 청령포, 단종이 정순왕후와 죽을 때까지 단 한 번도 만나지 못하고 연명하다 생을 마친, 슬픈 이야기 깃들인 서러운 숲을 두고 줄 나루 사공들은 그때에 없던 배로 돈벌이 수단이 되어 아쉬운 눈빛으로 관광객들을 바라본다. 넋이 되어 서성이고 있을 단종의 비애도 느껴볼 겨를도 없이 어둠이 내리고 있어, 하루 여정을 접고 숙소로 향했다.

동강 변 우뚝 솟은 숙소는 소낙비로 인해 황톳물이 흘러내리고 있어 명경 같은 강원도 맑은 물을 보지 못해 애석했다. 멀리 강원도에 있음이 실감이 나지 않아서인지 몇몇 회원들은 저녁

식사 후 곡주로 이어지다 여명을 밝혀 영월의 아침을 맞이한다.

일요일 아침 또 다른 여행지로 떠날 준비가 되자 다음 코스로 출발한다. 영남지방에서 가장 큰 폭포이며 소백산 입구에 있는 희방폭포와 희방사, 등산로 따라 조금 올라가니 절벽 아래 떨어지는 물보라가 탄성을 자아내게 하는 절경 중에 절경이다. 천지가 물소리로 요란하여 폭포에서 나는 신선이 된 듯 감흥에 젖어 든다. 계단 위에 희방사 절도 아스라이 자리하고 있어 풍경 소리 대신 물소리가 바람 소리와 비를 읽고 있었다. 물푸레나무가 많아 계곡물이 저리도 맑고 푸른 것인지 자꾸 계곡 가까이로 눈을 뗄 수가 없었다.

이동할 때마다 비가 간간이 추적이며 마술을 부리다가도 햇볕을 선사하며 장난을 슬슬 친다. 이틀째 짧은 시간을 활용하기 위해 자투리 시간마저도 아까운 심정이다.

진주로 향하면서 문경새재 도립공원, 양반이 다녔던 문경관문을 통과하여, 문경 도자기전시관을 돌고 귀로의 길로 들어서 김천시로 지나면서 신령산 청암사 비구니 사찰 안내가 끝으로 종착역 진주에 도착하였다.

끝으로 회장님을 비롯하여 총무님, 운전하신 선생님, 함께한 회원님들 현장학습과 화합의 시간으로 이어진 1박 2일 평생 잊을 수 없을 시간으로 남을 것 같습니다. 함께하지 못한 많은 회원님들에게 아쉬움을 돌리면서, 진주화요문학회 회원님들 또 다른 충전에 화이팅을 외칩니다.

—《문장과 지역》 발표

전설의 섬 사량도를 다녀와서

지난 주말 모 대학 교수님과 석 · 박사들이 함께 세미나차 1박 2일 코스로 사량도로 향했다. 장마 영향 탓인지 뱃길에서 바라보이는 풍광은 산허리를 물고 있는 운무가 마치 동양화 병풍을 펼쳐놓은 듯 환상적인 모습에 넋을 빼앗겨 버렸다.

사량도는 하늘에서 보면 뱀이 기어가는 형상이라 하여 뱀 사자를 써서 사량도라 한다. 아득히 바라보이는 사량도에는 3개의 유인도와 6개의 무인도로 구성, 처녀에 얽힌 전설이 숨쉬는 곳.

주변 명소로는 사량도, 지리산, 옥녀봉, 불모산, 욕지도, 연화도, 소매물도가 있으며, 전라도와 경상도에 걸친 장대산과 지리산이 바라보인다 하여 지리망산을 줄여 지리산이 되었다고 한다. 옥녀봉의 슬픈 전설 때문에 옛날 수백 년 동안 대례가 없다고 하여 지금까지도 사랑의 문화만은 다른 지역보다 관대하고 자유로운 곳이라 하였다. 마치 한국의 아르헨티나라고 해도 될 만큼 개방적인 곳이라 전한다.

기묘한 옥동마을 뒤에 애처로이 서 있는 옥녀봉 위 절벽은 지금도 옥녀가 죽어서 흘린 피 같은 붉은 이끼가 많았고 새끼노루귀, 큰괭이밥 같은 야생화들이 서식하고 있었다. 옥녀의 전설 때문인지 일행들은 자동차를 이용해 드라이버를 즐기는 동안 눈시울이 시큰해서 심오해졌다. 여기저기 둘러봐도 내방객 편의시설이 부족하여 무작정 배낭여행 온 이들은 낭패를 겪는 불편함이 있는 곳이기도 하다. 이곳은 옛날이나 지금이나 세상 사람들에게 근친상간 금기와 도덕률과 의식세계 정서를 변하지 않게 말해주는 섬이기도 하다.

어두움이 내리기 시작하자 낚시로 잡아 올린 우럭구이로 서먹하던 밤이 익어가고, 어느새 한 식구처럼 거나한 술잔이 번져간다. 교수님과 조교 그리고 힘겹게 공부하는 지치지 않는 학구파 석 · 박사 여러 선생님들은 세상 고달픔을 다 잊고 그렇게 밤은 깊어 갔다. 나는 낯선 포구로부터 떠나와 섬에서 밤을 보낸다고 생각하니 호연지기 무인도 섬에 홀로 표류되어 남아 있는 기분 때문에 여명이 오도록 잠을 청하지 못했다.

다음 날 이른 아침 하루에도 수천 번 바다 색깔이 변하는 섬의 아침을 눈으로 가슴으로 담고 싶어 해안도로 산책에 나선다.

홀로 우는 갈매기 한 마리, 내 마음을 알아주기나 하듯 나를 반겨주며 비상한다. 한적하다 못해 고요해서 수면의 해무, 바다안개가 내 가슴을 울렁거리게 만든다. 바로 위 옥녀봉이 바라보인다. 전설 속 욕정을 품은 아비의 소머리 형상이 구름 속에서 내려다보는 듯하다.

아! 이런 가슴 아픈 곳에 왜 이제야 왔는가? 눈물 나는 아침이 슬프다 못해 찬란하다. 올여름 휴가 때 다시 찾고 싶은 도발적인 섬. 시간이 흐를수록 포구에서 이별하는 타인의 모습이 절절해 보인다. 대폿술을 앞에 두고 이별이 서러워 젓가락 장단을 치며 노래하는 멍게와 해삼을 파는 아줌마의 구성진 한처럼, 이별은 그래서 가슴 찡하도록 아름다운 것.

섬을 두고 육지로 향하는 발걸음에 소나기가 쏟아져 내리고 있다. 다음 만남을 기약하며….

섬이여 안녕!
포구여 안녕!
옥녀봉이여 안녕!
사무쳐 다시 찾는 날, 도선장이 울리도록 운무여 해후하자.

진주문인협회 문학기행을 다녀와서

진주문인협회 문학기행에서는 올해 생명파 청마 탄생 100주년을 맞이하여, 2008년 6월 1일 통영 청마문학관을 찾아 나섰다. 아침부터 불어오는 잔잔한 바람은 문학기행하기에 좋은 날씨다. 유월의 햇살 아래 당일 코스로 관광버스가 출발을 한다. 회원님들의 반가움도 잠시, 버스 안에서는 강 교수님의 평론이 시작된다. 청마 유치환 시인의 출생지며 작품에서 배경까지 섬세한 해설로 이어진다.

역사의 소중한 자료와 이념을 듣고 나니, 노스탤지어의 연정도 애틋한 서정이 된다. 그의 출생이 통영이면 어떻고 거제이면 어떠하리. 시혼이 뿌려진 이 아름다운 도시만으로 행복하지 않는가. 통영은 진주에서 가까운 거리라 가끔 스트레스로 무작정 떠나고 싶을 때, 섬을 돌아 비경과 절경이 연이어져 있는 7백리 코스로 드라이버를 즐기곤 한다. 그래서인지 낯설지 않는 바다가 한눈에 들어온다. 아! 불어오는 해풍 냄새에 벌써 오감은 제 구실을 하려 한다.

통영 청마문학관에 도착하니 회원들은 청마의 생애며 문학 발자취와 생전의 숨결과 체취를 느끼면서 해설사의 달근달근한 말솜씨를 듣는다. 우뚝 서 있는 아담한 자리에 전시관이 있고 위로 통영기상대 바람개비가 바다를 보고 있다. 그 아래 새 단장한 청마생가 마루에는 유약국의 현판이 중앙에 걸려서 눈길을 사로잡는다. 본채와 아래채가 있어 고향에 온 것 같은 편안함이 관광객을 다시 오게 만든다.

다음 행선지는 충무공 이순신 장군 동상이 웅장하게 서 있는 이순신 공원, 바로 앞에 보이는 바다는 동호만이다. 공원의 산책로며 배 모양의 공원 단장이 관광의 품격을 업그레이드 해주는 것 같다. 일행들은 삼삼오오 기념촬영을 하며 정담이 오고가는 시간이다. 동호만 저쪽 건너편에는 통영문학기념 등대(일명 연필등대)가 문학적 가치를 더해주며 바다와 조화를 이루고 있다.

출출해져 허기를 느끼고 보니 벌써 점심시간이 다가오는 모양이다. 그래서 남망산 조각공원에서 점심식사를 하기로 하였다. 주먹밥과 소박한 오찬이 베풀어진다. 조촐해서 더 정겨운 오찬, 어린 시절 소풍 나온 분위기다. 반가운 지인과 회원끼리 반주 겸 곡주도 오고간다. 조각공원 아래 공주 섬 하나 외롭게 떠있어 식사시간 시선 집중이다. 바로 앞 해무 속으로 서호만 안쪽에 위치한 여객선 터미널이 바라보인다. 곡주가 들어가니 또 이놈의 풍월이 시도 때도 없이 나를 흔든다. 지난 여행 추억이 아련해서 주절주절 그날의 시 한 소절이 가슴에 묻혀 있다 불러 나온다.

한산도

찬바람 넉넉히 몰아치던 날
제승당 가는 여객선 통영 8경 다 보여주지 못해 안달했었지
석양이 물든 한산도 바다 소설 줄거리인 줄 알았어
선홍 동백 여물고 지는 변방의 해안선 천년 호연지기 옆에 두고 있었어

이제 회원들의 정담이 귀에 들어와 정신을 차려본다. 오찬의 여정을 잠시 접고 내려오는 길, 통영 문화예술회관의 분수대가 시원하게 물줄기를 쏘아 올린다. 분수대에 손을 넣고 보니 찰박찰박한 물 기운이 사정없이 취기의 열기를 저하시키는 듯 시원하다.

다음 갈 곳은 어디란 말인가. 포만감이 있으니 조금은 회원들의 얼굴에 평온이 흐른다. 이럴 때는 가무가 제격인데, 모두가 취미에 맞지 않는지 조용하다. 얼마나 갔을까. 고 박경리 선생

님의 묘소 참배로 이어졌다. 박경리 추모공원이 아직 조성은 미흡하지만 왼쪽으로는 통영의 주산인 미륵산, 오른쪽으로는 장군봉이 위치한 한산 앞바다가 훤히 내리다뵈는 곳에, 평소 좋아했던 감나무가 조경되어 바람 속 문인들을 반기었다. 간단히 묵념을 하고 발걸음을 돌리며 살아생전 업적을 한마디씩 거둔다. 가신 님은 누구나 말이 없다. 평생 문학을 멍에로 짊어지고 사신 분, 당신 앞에 오늘은 숙연해지는 마음이다.

발걸음을 옮겨 황토역사관에서 〈행복〉이란 시가 있는 청마거리로 돌아, 몇몇 갈증난 지인들은 시원한 캔을 한 잔 들이켜면서 갈증을 해소하며 여유를 보이고 있다. 가파른 골목 언저리 끝, 보물로 지정된 세병관이 보인다. 세병관은 조선 선조 때, 통제사 이경준이 이순신 장군의 전공을 기념하기 위해 세운 통간이어서 규모가 엄청나게 웅장하며 든든한 목조로 이루어져 있다. 전문 해설사의 낭창한 화술에 기교까지 압도적 시선으로 통솔한다.

조금은 지칠 시간이다. 벌써 유월의 차창 밖 햇볕이 부담스러워 에어컨 바람을 즐기고 있다. 이제 마지막 코스가 남았다. 거제시 둔덕면 방하리에 있는 청마 생가에 들어서니 정겨운 초가집과 우물, 텃밭, 싸리대문, 돌담이 포근하게 나를 안는다. 청마 기념관 옆에는 금빛 전신 동상 하나 우수에 젖어 능선 자락을 잡고 있다. 가히 심오한 표정도 작품이다. 그래서 사진을 한 장 포착해 본다. 100년 세월이 흐른 둔덕골은 8대로 내려온 청마의 부조가 살으신 곳이라 그런지 온기가 전해지는 것 같은 착각에 빠져본다. 여운 붙잡고 청마 유치환 님의 그리움이란 시가 흥얼거려진다.

오늘은 바람이 불고
나의 마음은 울고 있다
일찍이 너와 거닐고 바라보던 그 하늘 아래
… 중략 …

오늘은 일상의 매너리즘에서 벗어난 탓인지 시심 어렸던 하루가 조용히 저물어 가고 있다. 짧은 일정을 두고 진주로 향할 시간이다. 〈깃발〉 같은 명시도 두고 〈행복〉 같은 명시도 두고, 100년의 세월의 공간도 여기다 두고 단거리 문학기행에서 가족이 있는 곳으로 가야 한다. 아쉬움은 파도 위에 띄워놓고 여운만 챙겨 싣고서 관광버스는 이내 마음 아는지 모르는지 진주로 달리고 있다.

진주문인협회의 단합된 하루, 격 넓은 프로그램으로 짜여 견문과 지식과 사색을 두루 맛보고 돌아온 시간이었다. 서운하지만 이쯤에서 갈무리를 할 시간인가 보다. 화합된 시간 회장님을 비롯하여 상임 이사님, 그 밖에 협조하신 여러 지인님과 회원님들 귀한 시간 오랫동안 기억하겠습니다. 다시 뵈는 그날까지 안녕히….

—《진주문단》(2008. 10)

014 천상에 띄우는 편지

정삼희 칼럼집

펴낸날 | 2014년 3월 22일

지은이 | 정 삼 희
펴낸이 | 오 하 룡

펴낸곳 | 도서출판 경남
주 소 | 창원시 마산합포구 몽고정길 2-1
연락처 | (055)245-8818~9/223-4343(f)
홈페이지 | www.gnbook.com
전자메일 | gnbook@empal.com
출판등록 | 제567-1호(1985. 5. 6.)
편 집 팀 | 오태민 심경애 구도희

*잘못된 책은 바꿔 드립니다.
*저자와 협의 인지 생략합니다.

ISBN 978-89-7675-907-8-03810
〔값 10,000원〕